꾸준히, 오래, 지치지 않고

꾸준히,
오래,
지치지 않고

하지현 지음

일에 먹히지 않고
나를 지키는 마음의 태도에 대하여

미디어숲

일인분의 몫을 하는,
일하는 모든 사람들을 위하여

치열한 경쟁을 뚫고 모교 병원의 전공의가 되어서 정신과 의사로 첫발을 내디딘 날, 온 세상을 다 얻은 것 같았다. 그렇지만 몇 달 후부터 시작한 정신과 전공의 1년차의 삶은 텔레비전에서 보던 우아한 모습과는 너무나 달랐다. 게다가 의료계는 수직적인 조직 문화이면서 업의 특성상 도제 시스템이어서, 의사가 된 이후에도 오랫동안 훈련을 받아야 했다. 그러다 보면 때로는 나 자신이 무능력하고 환자에게 해를 끼치는 사람이라는 불안감과 좌절감을 느낀 적도 있었다.

어떤 일을 하건 처음 일을 시작한 후 능숙해질 때까지는 불안이 사라지지 않는다. 행복은 잠시뿐이고, 괴롭고 불안한 일들이 더 많다. 그리고 그것은 내 능력 문제가 아니라 그냥 일이라는 것이 원래 그렇다는 것을 이해하기까지 꽤 오랜 시간이 걸렸다.

진료실에서 만나는 환자들, 강의나 사적인 자리에서 만나는 분들이 일과 관련한 불안과 어려움에 대해서 고민을 토로할 때가 있다. 이를테면, 이런 이야기들이다. "어렵게 취직했는데, 여전히 불안해요." "이렇게 일만 하다 죽는 건가요?" "죽을 만큼 노력했는데 결과는 왜 좋지 않은 걸까요?"

당연하지만 나도 예외 없이 거쳐온 질문들이 있다. 아마도 이 책을 펼친 독자들도 많이 해본 생각일 것이다. "언제쯤이면 일을 잘할 수 있을까요?" "반복되는 지루한 일을 계속해야 할까요?" "이 일이 너무 싫은데 그만두고 다른 일을 찾아야 할까요?" "내가 정말 원하는 것은 무엇일까요?" 30년 넘게 일을 해오다 보니 이제는 어느 정도 답을 찾을 수 있게 되었다.

나의 삶을 돌아보면 진료하고, 글을 쓰고, 교육하면서 출근하는 일의 반복이었다. 쳇바퀴를 돌듯이 똑같은 일상을 지겹게 되풀이하고 있다고 볼 수도 있지만, 규칙적으로 꾸준히 하루를 채우고 있는 것이기도 하다. 그리고 그렇게 20대 중반부터 50대 중반이 되는 지금까지 아주 조금씩 보이지 않게 역량을 축적하다 보니 어느덧 여러 영역에서 그리 어렵지 않은 하루를 보낼 수 있는 능력을 갖추게 되었다.

나 자신이 탁월하게 능력이 있는 사람이라고 생각하지 않는다.

다만 꾸준하고 성실하게 일을 배우고, 나중에는 같은 일을 반복하더라도 지치지 않기 위해 노력하고, 작은 변화를 감지하며 그 안에서 즐거움과 성취를 경험하는 데 익숙해지려는 사람일 뿐이다.

돌아보니 내 인생은 일만 하다 끝날 줄 알았지만 가끔은 즐거운 일도 있었다. 내가 노력하는 것과 성취물은 별개의 문제일 수 있고, 사회생활의 경험이 쌓일수록 노력하는 만큼 성과가 나오는 건 아니라는 점도 깨닫게 되었다. 어떤 일은 한 달이면 잘하게 되고, 어떤 일은 1년이 걸리기도 하며, 또 어떤 일은 3년이 걸려도 숙달이 되지 않는다. 그렇게 오래 걸리는 일들은 나와 맞지 않은 일이라는 것도 이제는 안다.

나에게 중요한 일을 맡기지 않는다고 해서 내가 시시하고 하찮은 사람은 아니지만, 풀이 죽는 것은 어쩔 수 없다. 하지만 중요한 일을 맡지 않은 덕분에 한편으로는 숨통이 트이고 책임에서 자유로워지는 기쁨도 있다. 반복되고 지루한 일에 질릴 때쯤 〈생활의 달인〉의 만두 빚기 40년차 달인을 보면 나는 아직 지루함을 느낄 때가 아니라고 마음을 다잡는다.

어떨 때에는 완전히 다른 커리어를 시작하고 싶어서 엉덩이가 들썩이지만, 따박따박 들어오는 월급이 주는 안정감, 다른 선택을 했다가 그나마 가진 것도 모두 날려버릴지 모른다는 두려움은 무게추가 되어 나를 의자 위에 앉힌다. 결국 지금까지도 내가 정말 원하는 게 무엇인지는 솔직히 잘 모르겠다. 눈을 감는 그날까지 진정 원하는 것을 발견하지 못하고, 100퍼센트 행복의 비법을 깨닫지 못할 것이라는 비관적 마음으로 하루를 보낸다. 그렇지만 그것이 나를 갉아먹지는 않는다.

지금의 내가 일을 바라보는 마음이다. 꽤 오랜 기간 정신과 의사로 진료를 하고 연구를 하면서 알게 된 것도 있지만, 내가 일하는 한 사람으로 살아가면서 겪고 깨닫고 자연스레 내 것으로 내재화한 것들이다. 일을 통해 배운 것들이 더 많고, 내 가치관이 좋은 방향으로 바뀐 부분이 있다. 그리고 세상과 사람에 대한 이해가 깊어지면서 동시에 나를 더 잘 이해하게 되었다고 믿는다. 내 삶에서 가장 많은 부분을 차지하는 일하는 시간을 괴로운 시간, 에너지를 빼앗기는 내 인생의 마이너스 시간으로 보지 않는다. 일하는 동안이 인생에 조금이라도 플러스가 될 수 있는 시간이 되기를 바란다.

이나모리 가즈오는 《왜 일하는가》에서 동서양의 문화적 차이에 입각해서 일하는 마음에 대해 설명한 적 있다. 아담과 이브는 선악과를 따 먹은 죄로 에덴에서 추방되었고, 먹을거리를 찾아 일을 하는 것이 벌이었다. 이렇듯 서양에서는 일은 고통으로 가득차서 피해야 할 행위라 여기는 경향이 있다. 그에 반해 동양의 노동관은 다르다. 일은 분명 수고스럽지만 그 고생 이상의 기쁨과 긍지, 삶의 보람을 주는 존엄한 행위라고 말한다. 쉽게 납득이 가지는 않고, 나 또한 '긍지까지는 좀 오버 아닌가' 하는 마음은 든다. 그렇지만 한편으로 끄덕여지는 면이 있다.

스스로 먹고살기 위해, 이 세상에서 일인분의 몫을 하기 위해 우리는 불가피하게 일을 한다. 이왕이면 잘하고, 유능하면 더 좋지 않을까? 일이 자존감의 원천이 되고, 또 일을 하면서 나라는 사람이 더 나은 인격체가 될 수 있다면 말이다. 최소한 기본에 플러스 알파의 기대를 해보는 것이다.

이 책은 30년차 직장인으로, 그리고 비슷한 시간을 정신건강의학과 의사로 살면서 경험한 일과 삶의 태도에 대한 이야기이다. 내가 사회생활을 처음 시작할 때 알았더라면 좋았을 텐데, 하는 이야기들도 있고, 그때는 몰랐지만 경력이 쌓이고 나니 비로소 알게 된 것들도 있다. 이제 일을 대하는 태도, 일을 하다가 만나게 될 여러가지 벽들, 나를 존중하면서 살아가는 방법, 스트레스를 잘 다루기 위한 기법, 조금이라도 능숙해지기 위한 잔기술과 큰 기술들을 세세하게 제안할 것이다. 아무쪼록 이 책이 '일하는 사람'이자 '내 삶의 주인'인 '나'라는 사람을 더 성장하게 하는 데 도움이 되기를 바란다.

차례

1장

일에 먹힐 것인가,
올라탈 것인가

야생 코끼리의 자기조절능력

　운전하는 사람이라면 많이 공감하겠지만, 남이 운전해주는 차를 타면 아무래도 조금 불편하다. 물론 몸이 편하기는 하지만, 이상하게 마음은 그만큼 편하지 않다. 게다가 운전을 좋아하는 편이기도 해서, 장거리 여행을 가더라도 내가 직접 운전을 하는 것을 선호한다.

　그럼에도 다른 사람이 운전하는 차를 타야 하는 경우가 있다. 바로 아내가 운전할 때다. 아내는 나와 운전 습관이 달라서, 옆자리에 앉아 이런저런 이야기를 하다가도 "여기서 차선을 바꾸면 어때?"라고 참견하고 싶을 때가 종종 있다. 브레이크를 밟는 감각이 다르고, 앞차와의 차간거리도 다르다. 나도 모르게 발로 브레이크를 밟는 시늉을 할 때도 있다. 아내가 나보다 훨씬 운전 경력이 길고 운전을 잘하는데도 옆자석에 앉으면 괜히 긴장이 된다.

반면에 택시 뒷좌석에 앉아 있을 때에는 그런 긴장감을 거의 느끼지 않는다. 앞좌석과 시야가 완전히 다르기 때문이다. 운전석 옆자리에 앉으면 내가 자동차를 온전히 통제하고 있지 못하면서 운전할 때와 동일한 정보가 눈앞에 나타나기 때문에 이 상황을 마음대로 조종하지 못하고 있다는 스트레스를 받았던 것이다.

우리는 일을 할 때에도 이와 비슷한 피로를 경험한다. 지금 하고 있는 일을 내가 온전히 통제하고 있지 못하고 있다고 느낄 때 더 힘들고 지친다. 그래서 일을 처음 시작했을 때나, 아직 직급이 낮을 때에는 같은 일을 하더라도 더 빨리 지치고 신경이 예민해지기 쉽다.

여기서 살펴봐야 할 중요한 요소가 있다. 바로 예측 가능성과 조절 가능성이다. 일을 시작한 지 얼마 되지 않은 신입직원이나 낮은 직급의 팀원은 진행되고 있는 프로젝트가 어떻게 흘러가는지 파악하기 어렵다. 위에서 시키는 일만 하기 때문에 언제쯤 멈추고 쉬어야 하는지, 어디서 힘을 더 주어야 하는지 알지 못한다. 또한 프로젝트의 방향을 바꿀 권한도 없다. 그러니 같은 일을 하더라도 상대적으로 스트레스라고 느끼는 것이다.

이와 연관한 흥미로운 연구가 2008년 12월 과학학술지 《사이

언스》에 실린 적이 있다. 잘 알려져 있지만 코끼리는 멸종위기 동물이다. 그래서 야생 코끼리에게도 모두 칩을 달아서 추적하고 있다. 이 연구에서는 이러한 야생동물 관리를 통해 축적된 정보를 바탕으로 1960년부터 2004년 사이에 유럽의 동물원에서 사육하는 4,500마리의 코끼리와 케냐의 야생 코끼리 1,089마리, 그리고 버마의 야생 코끼리 2,905마리를 추적하면서 생존율을 관찰한다.

쉽게 생각해보면 결과는 뻔해 보인다. 안전한 동물원에서 규칙적으로 사료를 공급받고, 수의사의 치료와 사육사의 보살핌을 받는 동물원 코끼리의 수명이 더 길 것 같다. 그러나 결과는 예상과 달랐다. 동물원 코끼리는 평균적으로 16.9년을 산 데 반해서 아프리카 야생 코끼리는 35.9년, 아시아 야생 코끼리는 41.7년을 산 것으로 조사되었다. 전체적으로 동물원 코끼리에 비해 야생 코끼리가 훨씬 오래 살았고, 사망률도 2.8배 낮았다.

밀렵, 먹이 부족, 위험한 환경에서 노출되어 있는 야생 코끼리가 안락한 환경의 동물원 코끼리에 비해 훨씬 오래 살 수 있었던 이유에는 여러 가지가 있겠지만, 그중 중요한 원인을 하나 꼽자면 '자기조절능력'이다.

동물원 코끼리는 비록 안전하고 먹이가 풍부한 환경에 살고 있었지만 자신이 결정할 수 있는 것이 없었다. 그에 반해 야생 코끼리는 먹고 싶지 않을 때에는 먹지 않을 수 있었고, 이동하고 싶을 때 이동하고 머무르고 싶을 때 머무를 수 있었다. 철학자 데카르트가 "자유는 선택할 수 있는 능력"이라고 했다. 아프리카의 평야나 아시아의 숲에 사는 코끼리는 비록 먹이를 찾기 위해 하루에도 많은 시간을 걸어 다녀야 하고 밀렵꾼이나 다른 포식자들에 노출되는 위험이 있지만, 스스로 먹는 것, 자는 것, 활동 반경, 이동 방향 등을 선택할 자유는 충분히 있었다. 그것이 스트레스에 대한 반응 능력을 높이고, 건강을 유지하고 생존하는 데 도움이 되었다. 내가 내 삶을 통제하고 있다는 자각이 있었기에 야생의 코끼리는 더 건강할 수 있었던 것이다.

물론 선택의 자유가 있다는 것도 스트레스가 될 수 있다. 실패의 확률이 높고, 모든 결정에 대한 책임을 내가 져야 한다. 그런 불안과 두려움이 있기는 하지만, 그럼에도 내가 내 삶을 조종하고 있다는 자기 확신감과 선택의 자유는 나를 지켜내는 힘이 되어준다. 선택권이 없는 삶은 동물원의 코끼리와 같다. 행동의 자유도, 먹을 것을 고를 자유도, 먹지 않을 자유도, 아플 자유도, 움직이지 않을 자유조차도 없다. 그것이 그들의 수명을 단축시킨 것이다.

현재 내가 스스로 결정할 수 있는 것이 하나도 없다고 여겨지면, 보이지 않는 끈에 묶인 듯한 무력감이 느껴진다. 하지만 작은 실천으로 그 끈을 느슨하게 할 수 있다. 아직 내 직급에서 중요한 결정을 내릴 수 없지만, 일상생활에서 스스로에게 결정권을 주는 일을 만들 수 있다. 이를테면 내 책상 위를 내 취향대로 꾸미거나, 점심식사의 메뉴를 결정할 수도 있다. 회의에서 마실 음료수를 고르고 보고서의 서체와 디자인을 바꿔보는 것도 좋다. 작고 사소해 보이는 일이지만 결국은 나에게 결정할 수 있는 권한을 주는 일이고, 내 인생의 핸들을 쥐고 있다는 느낌을 가질 수 있다. 이런 작은 행동이 의외로 효과적이다.

우리는 건강한 삶에 대해 야생 코끼리에게 배울 수 있다. 내 앞에 놓인 곳은 밀림이고 어떤 위험이 있을지 모른다. 그리고 때때로 잘못된 선택을 할지도 모른다. 하지만 '그럼에도 불구하고' 선택하고 난 다음에는 계속 망설이거나 후회하기보다 내가 결정한 것을 받아들이자. 이를 반복하고 반복하다 보면 점점 더 나은 선택을 하고 있는 나를 발견할 수 있다. 잊지 말아야 할 것은 어떤 상황에서나 내 인생의 운전대를 쥐고 있는 것은 '나'이고, 그것이 내 삶의 기준점이 된다는 것이다.

해냈다는 마음이 주는 힘

　바라던 회사에 취업해서 이제 반년을 채운 준영 씨는 자신의 실력보다 과분한 회사에 운 좋게 합격했다고 여긴다. 그는 지방 사립대를 졸업하고 꽤 큰 규모의 광고회사에 성공적으로 취업한 케이스로, 학교를 다니면서 공모전에 입상했고, 어렵사리 두세 번의 인턴을 했으며, 면접에서 좋은 인상을 준 것이 주효한 덕분이었다. 처음에는 취업했다는 사실에 그저 기쁘기만 했고, 오랫동안 바라던 소망이 실현되어서 더 이상 바랄 것이 없었다.

　그러나 회사에 들어온 이후 준영 씨에게는 주눅이 드는 일뿐이었다. 직장 선배들은 대부분 명문 대학을 졸업했고, 대학원 석사 출신이 즐비했다. 이름만 들어도 다 아는 유명 외국 대학을 졸업한 사람도 많았다. 그런 선배들이 시키는 일은 열심히 해서 인정받는 것 같았지만, 진짜 칭찬처럼 느껴지지 않았다.

　"그래, 이런 것도 할 수 있어? 대단한데?" 팀장에게 이런 칭찬을 들어도 칭찬으로 들리지 않았다. 왜냐하면 자신의 형편없는 실력이 이제 곧 바닥을 드러낼 것이고, 선배와 동료들이 그 순간을 주시하며 기다리고 있을 것이라 믿었기 때문이었다. 칭찬을 있는 그대로 받아들이지 못하니, 회사에서도 마음이 편치 않았고 하루 종일 긴장을 늦출 수 없었다.

　게다가 자신이 무엇 하나 제대로 못 한다는 마음도 있었다. 그래서 선배가 업무를 주면, "저는 아직 자신이 없는데요"라고 말하거나, 굳이 나서지 않았다. 의욕적으로 손을 들어 일을 낚아채는 동기가 있어도 "쟤가 나보다 잘 할 거야"라며 당연히 여기게 되었다. 샘이 나거나 부러워하는 마음도 남의 일이었다. 시간이 지나면서 팀장도 이제는 준영 씨를 시키는 일만 하는 소극적인 사람으로 여기며 새로운 일을 맡기지 않다 보니, 어느새 준영 씨의 주눅 든 태도는 팀 안에서 '실체'가 되어버렸다.

　이 수렁에서 어떻게 빠져나오면 좋을까? 준영 씨와 같은 사람은 '자기효능감'을 찾는 것부터 시작해야 한다. 자기효능감은 어떤 상황에서 주어진 과제를 잘 해낼 수 있다는, 내 능력에 대한 믿음을 의미한다. 직장에서 다른 사람보다 떨어지는 배경과 학력을 가지고 있다는 이유로 맡은 일을 내가 통제하지 못하여 제대로 해내지 못할 것이라고 믿고 있으니, 긴장과 불안도 높아진다. 원래는 잘했던 간단한 일도 제대로 못할 정도로 불안한 마음이 커진다. 이렇듯 불안과 자기효능감은 반비례 관계에 있다.

　스키장에서 스키를 탈 때를 생각해보자. 처음 타는 사람은 긴 슬로프를 보면 겁이 난다. 넘어지지 않고 타는 데 온 힘을 쏟는다. 한 번만 슬로프를 타고 내려와도 진이 빠지기 쉽다. 게다가 내 몸이 내 마음대로 움직여지지 않아서 더 무섭게 느껴지고 균형을 잡기도 어렵다. 반면 스키에 능숙한 사람은 스키와 내 몸이 하나인 것처럼 조화롭게 몸을 움직인다. 그래서 경사가 가파른 슬로프를 탈 때 더욱 신이 나고 재미있다. 스키를 타면서 속도와 방향을 스스로 통제할 수 있다고 믿는 자기효능감이 충분한 상태이기에, 위험해 보이는 슬로프가 모험이자 즐거움의 대상이 될 수 있다. 하지만 초보자를 처음부터 가파른 슬로프에 밀어 넣는다고 해서 스키를 잘 탈 수도 없고, 재미를 느낄 수도 없다. 반대로 초보자라 겁이 난다며 완만한 경사의 낮은 슬로프만 타면, 재미도 없고 실력도 늘지 않는다.

이 모순이 자기효능감이라는 개념이 갖는 특징이다. 우선 '기본'을 해내는 것이 필요하고, 그 기본을 달성한 이후에는 과감한 시도를 해야 한다. 물론 실력 이상으로 무턱대고 나가다가는 다칠 수도 있다. 하지만 다치면서도 그것을 능숙해지는 과정이라고 여기면 다시 도전하게 된다. 이렇게 몇 번을 반복하면 자기효능감이 다져진다. "난 안 돼!"라는 부정적인 내면의 피드백을 "한번 해보자!"라는 긍정적인 피드백으로 바꾸는 것이다. 이렇게 의도적으로 바꾸다 보면, 결국 "할 수 있다"는 마음가짐이 남게 된다.

또한 내가 내 몸을 마음대로 움직일 수 있다고 여기는 것은 생각보다 강한 힘을 갖는다. 마음에 대한 자기효능감에 앞서서 몸을 쓰는 것부터 시작하는 것이 의외로 멘탈을 다루는 데 도움이 된다는 증거가 많다. 1988년 미국의 심리학 학술지인 《응용사회심리학회지》에 실렸던 연구에 따르면, 10대 청소년을 12주간 근력 운동을 하게 해서 기초체력을 40퍼센트 향상하도록 했다. 그랬더니 체력과 관련 없는 사회적 갈등에 대한 해결 능력이 나아진 것을 발견했다. 스스로 삶을 관리할 수 있다는 느낌이 커졌고, 신체적 능력뿐만 아니라 정서적 갈등에 대처하는 감각도 튼튼해진 것이 관찰되었다. 이렇게 몸을 잘 다룰 수 있다고 여기는 자체적 평가는 건강한 자아를 만드는 우리의 내적 감각의 굳건한 토대가 된다.

이를 근거로 나는 상담을 할 때 심리적으로 많이 지쳐서 시급히 정신적 재활을 시작해야 하는 환자를 만나면, 깊은 심리적 이슈를 다루기에 앞서 요가나 필라테스와 같은 정적인 운동을 자주 권하는 편이다. 내 몸의 관절과 근육을 낯선 방식으로 움직이고 복식 호흡을 하면서 자세와 균형을 제대로 잡으면, 유연성이 향상되고 근력이 좋아지는 효과가 있다. 여기에 더해서 내 몸을 내가 마음대로 움직일 수 있다는 감각, 원하는 상태로 몸의 균형을 유지하고 있다는 느낌은 자기효능감의 기본을 마련해준다. 신체적 자기효능감이 갖춰지면 그 위에서 멘탈을 단단하게 받쳐줄

토대로 작동하는 것이다.

자기효능감은 보잘것없어 보이는 작은 성취를 쌓아나가는 것으로 성장한다. 윌리엄 맥레이븐은 《침대부터 정리하라》라는 책에서 아침에 일어나면 흐트러진 침구를 깔끔하게 정리하는 것부터 시작하라고 조언한다. 매일 아침 일어나서 침대를 정리하고 나면 하루의 첫 번째 과제를 완료한 사람이 된다. 작은 뿌듯함을 얻고 나면 그다음 과제를 할 용기가 생긴다. 하루를 그런 식으로 마치고 나면 여러 가지 일을 해낸 사람이 된다. 또 이렇게 정리해놓고 나가면 아주 힘든 하루를 보낸 날, 잘 정돈된 침구에서 쉴 수 있다는 장점도 있다.

별것 아니라고 생각할 수 있지만 아침에 일어나 제일 먼저 간단한 과제를 하나씩 해내는 것이 이렇게 삶에 도움이 된다. 폭탄 맞은 것처럼 너저분한 방으로 돌아와서 그대로 몸을 뉜 채 힘들었던 그날 하루를 되돌아보는 것만큼 비참한 일도 없을 것이다. 그러나 아침에 잠깐 시간을 내서 이불을 정리하고 환기까지 마치고 출근하면, 아무리 힘들고 정신적으로 피폐해지는 하루였더라도 깔끔하게 잘 정돈된 내 공간으로 돌아와서 '그렇게까지 힘든 하루는 아니었어'라고 나를 다독일 수 있다.

그다지 가치 없어 보이는 작은 일을 해내는 것이 무슨 의미가 있냐고 일부러 축소해서 보지 말자. 마음이 건강한 사람은 '잘되면 내 덕분, 안되면 환경 탓'을 한다. 건강은 적당한 수준의 자기 합리화와 '자뻑'을 기본 옵션으로 갖고 있다. 반면 자기효능감이 낮은 사람은 '난 뭘 해도 안 돼. 운도 없어'라고 생각하며 자기 실력의 50퍼센트도 발휘하지 못하고, 결국 자기 능력이 딱 그만큼인 사람이 되어버리기 쉽다. 그럴 때 자신을 탓하고 자학하기만 한다면, 동정을 받을 수 있겠지만 고작 한두 번일 뿐이다. "아, 그렇구나"라는 안타까운 공감의 마음 뒤에는 "그 정도구나"라는 이성적인 평가도 함께 작동한다. 한 번 형성된 인상은 쉽게 바뀌지 않는다. 상사나 선배도 나를 구해줄 수 없다. 그 늪에서 스스로 빠져나와야 한다.

몸을 움직이고 작은 성취를 하나씩 하나씩 쌓는 것이 시작이다. 그러고 나서 규칙적으로 생활하고, 몸을 가볍게 만들고, 내 주변을 잘 정돈하며, 깔끔하고 군더더기 없이 일을 한다. 주변의 칭찬을 액면 그대로 받아들이고 충분히 기뻐하며 자신감을 갖는다. 이왕이면 그런 날은 맛있는 것을 사 먹거나 쇼핑을 하는 것으로 나에게 작은 선물을 주자. 이런 하루들은 보이지 않게 누적되고, 그러다 보면 의식하지도 못하는 사이에 자신감이 쑥 올라와 있을 것이다.

초보의 마음가짐

오랜 취업 준비 끝에 드디어 입사한 민아 씨는 1년차 사원이다. 민아 씨는 원하는 전공으로 학위를 취득했고, 전공을 살려서 취업도 했다. 그래서 그런지 본인의 기대도 높은 만큼, 배운 것을 다 발휘하지 못할까 봐, 또한 자신의 실력이 부족한 것이 드러날까 두려워하고 있었다. 더구나 입사 후 배치된 부서에서는 민아 씨가 몇 년 만에 들어온 신입이어서 큰 주목을 받았고, 회사에는 학교 선배들이 많아서 부담이 더욱 가중될 수밖에 없었다.

"불안하고 걱정이 돼요. 사람들이 저에게 기대를 너무 많이 하는데, 제가 제대로 일을 해낼 능력이 있는지 모르겠어요. 학교에서 배운 게 얼마나 쓸모가 있을지 제가 일을 혼자 잘해낼 수 있을지 모르겠어요."

자신의 부족한 능력이 드러날까 봐 불안해한다는 점에서 앞의 준영 씨와 비슷한 것 같지만 그 원인은 조금 달랐다. 민아 씨에게 회사에서 일할 때 무엇을 기대하는지 물어보았을 때, 배운 것을 다 펼칠 수 있기를 바란다고 대답했다. 하지만 막상 하루의 일과를 물어보니 회의 준비, 간단한 서류 작성, 선배들이 나눠준 업무의 일부를 돕는 일이었고, 가끔씩 외부 미팅을 따라가는 일이었다. 단순 업무를 하려고 죽도록 공부했나 싶은 실망감도 생겼고, 동시에 이것도 제대로 못하면 어쩌지 하는 불안감도 들었다. 또한 이런 업무만 하다가 나중에 '진짜' 실무를 맡았을 때 잘해내지 못해서 기대 이하라는 평가를 받을까 무섭기도 했다.

이럴 때 나는 '홍콩반점 전략'을 제안한다. 백종원 대표가 운영하는 중식 프랜차이즈 홍콩반점의 성공 전략을 적용한 것이다. 이곳의 가장 큰 특징은 중식당이지만 메인 주방장이 없다는 점이다. 중식 주방장이 되려면 꽤 오랜 시간의 훈련과 경험이 있어야 한다. 짜장면과 탕수육은 물론이고, 탕수육, 난자완스, 라조기, 깐풍기 등 우리가 중국 음식 하면 떠오르는 요리를 할 줄 알아야 하기 때문이다. 이 정도 기술이 있는 요리사는 연봉도 높고, 구하기도 어렵다. 하지만 백종원 대표는 손님들이 주문하는 메뉴의 대부분이 짬뽕, 짜장면이었고, 탕수육을 제외하면 요리를 주문하는 경우가 드물다는 점에 착안했다. 프랜차이즈 점주들에게 일단 짬뽕만 표준화된 레시피로 가르쳐서 식당을 시작할 수 있게 했다. 경력이 얼마 없는 요리사도 음식을 낼 수 있고, 인건비를 줄여 음식의 가격도 대폭 낮출 수 있었다.

사람들도 이곳을 '간단히 짬뽕을 먹는 곳, 대신 가격경쟁력 있는 곳'으로 인식하고 찾아온다. 시간이 지나 자리를 잡고 요리사의 경험이 쌓이면 서서히 가짓수를 늘린다. 짜장을 볶아서 내놓고, 군만두도 내놓고 간단한 탕수육 같은 요리도 추가된다. 중요한 점은 여기서 더 추가하지 않는다는 것이다. 이것만으로도 손님들이 필요한 것의 90퍼센트는 해결된다. 고급 중식을 먹을 사람은 다른 곳으로 가면 된다.

회사에서 이제 막 일을 시작한 신입들은 이 홍콩반점 전략이 유용하다. 회사에서는 신입들에게 난자완스나 깐풍기 같은 거창한 요리를 잘 해내기를 기대하지 않는다. 복잡하고 어려운 일은 과장이나 부장의 몫이다. 지금 당장 중요한 것은 하루에 100그릇 넘게 주문이 밀려 들어오는 짬뽕을 능숙하게 실수 없이 만드는 것이다. 그러다가 짜장면도 하고, 나중에는 볶음밥도 해서 식사 메뉴는 믿고 맡길 정도가 되면 기대치를 충분히 채울 수 있다.

오래 일을 해온 내가 일을 대하는 태도도 마찬가지이다. 진료의 많은 부분은 단순 반복이다. 많은 사람들이 정신건강의학과에 특이한 환자가 많을 것이라고 예상하지만, 대부분의 환자들은 대동소이한 증상을 호소한다. 30년 경력의 내가 맡으나 이제 3~4년차 된 정신과 전공의 선생이 맡으나, 솔루션은 대개 비슷하다. 내가 실력을 발휘해야 할 때는 100명에 1명꼴의 희귀한 질병일 경우, 오래 병을 앓아왔거나, 특이한 변수를 발견하지 못한 상황일 때이다. 아무래도 경험이 많은 내가 진료해야 해결이 될 때가 많다. 그 외의 진료는 단순하고 표준화된 일들이 무한 반복된다. 그리고 그 일을 지치지 않고 실수하지 않으면서 일정 수준 이상의 퀄리티로 해내는 것이 일을 잘하는 것이라고 말할 수 있다.

지금 일을 처음 시작하는 사람이라면 이 부분을 더 주목했으면 한다. 바로 "짬뽕 하나라도 제대로 만들자"라는 마음이다. 모든 것을 다 잘하려고 하는 욕심은 오히려 일을 망친다. 기본을 잘하는 것, 항상 반복되는 일을 실수 없이 해내는 것, 믿고 맡길 수 있도록 일정한 아웃풋을 제시간에 내는 것이 중요하다.

앞으로 몇 년간 이런 단순 반복 작업을 무한히 하면서 무심하게 해내는 능력을 쌓는 것이 필요하다. 어려운 일도 쉬워 보일 정도로 툭툭 해내고 난 다음에 비로소 그 위 단계로 넘어갈 수 있다. 그러니 지금 실력이 좋지 않다고 불안해하지 말자. 근무하는 동안 마음 안에서 "짬뽕 한 그릇 제대로"라고 혼잣말을 해보자. 그것으로 충분하다.

최적과 효율보다 중요한 것

스타트업 창업자와 종사자들의 모임에서 강연을 한 적이 있다. 이들이 겪고 있는 스트레스를 줄이기 위해 마련된 프로그램이었다. 참석한 사람의 대부분이 30대로 보였고, 평일 저녁에 이 자리까지 온 것을 보면 다들 꽤나 마음고생을 하고 있는 것이 분명했다.

"내가 목표한 것을 이루지 못할 때 스트레스를 받아요. 언제나 저는 목표로 한 것을 이뤄왔어요. 하지만 이게 계속될지 모르겠어요."

"지금의 성공에 안주하면 안 돼요. 경쟁사가 치고 들어올 수 있고, 대기업에 밀릴지 몰라요. 그러니 정신을 바짝 차려야 합니다. 생존하려면 최선 그 이상을 추구해야 해요."

다들 열심히 살고 있다. 목표를 높게 잡고, 말 그대로 '하이리스크 하이리턴'을 바란다. 그들의 롤 모델은 코스닥 시장에 상장을 했거나, 성공적으로 엑시트하고 연쇄 창업을 한 스타트업 선배들이다. 시장의 불확실성이 증가했지만 그럴수록 기회는 많다고 여긴다. 기본적으로 능동적이고, 회복탄력성도 좋고, 건강하고 낙천적인 사람들이다. 즉 스트레스를 견디는 능력이 높은 심리 요소를 가지고 있다. 그런데도 힘들어하는 이유는 바로 최고의 효율로 최대치를 뽑아내고자 하기 때문이다.

당연히 일을 하는 입장에서는 최소의 시간과 에너지를 들여서 최대의 성과를 뽑아내고 싶어 한다. 회의를 하고 매뉴얼을 만들고, 일을 시스템적으로 돌아가게 하는 것도 이를 위해서이다. 다른 한편으로 최적의 시스템을 만들고자 한다. 업무를 물 흐르듯 처리하고 무리해서 일을 더하거나 덜하지 않도록 하는 환경을 만드는 것이다. 따라서 효율과 최적은 함께 가기가 쉽지 않은, 창과 방패 같은 가치관이다. 미국 인디애나 퍼듀 대학 경제학과 김재수 교수가 한 다음 질문을 살펴보면, 효율과 최적에 대해 더 명확히 이해할 수 있다.

"다섯 명의 주민이 사는 마을이 있습니다. 빵 생산과 배분에 영향을 미치는 두 가지 정책이 있다고 합시다. 정책 A는 한 사람에게 빵 60개, 나머지 네 사람에게 각각 빵 10개씩 할당합니다. 정책 B는 한 사람에게 30개, 다른 네 사람에게 각각 15개씩 할당합니다. A와 B 중 어느 정책이 더 효율적입니까? 어느 정책이 더 최적입니까?"

경제학자에게 어떤 정책을 선호하느냐고 묻는다면 정책 A을 짚을 것이다. 왜냐하면 정책 A는 100개, 정책 B는 90개의 빵을 만들어내므로 정책 A가 더 효율적이라고 볼 수 있기 때문이다. 효율은 '가장 많이' 생산할 수 있는, 즉 아웃풋이 많은 방법이다. 효율성의 장점은 계산할 수 있고, 정량적으로 측정이 가능하다. 한 마디로 정답이 있는 계획이다.

그에 반해 최적을 선택한다면 좀 더 복잡해진다. 이는 규범적 측면을 포함하기 때문이다. 10개를 덜 생산하더라도 공평한 것이 더 좋다면 B를 선택하는 게 최적이라고 할 수 있다. 한 사람에게 일이 너무 많이 몰리지 않을 수 있다. 실제 실험을 해보면 효율성으로는 A를 꼽지만, 절대 다수가 B를 최적의 방식으로 선택한다. 그렇지만 현실에서는 효율성을 무시할 수 없어서 B가 선택되기 어렵다. 이왕이면 아웃풋의 총량을 극대화하기를 바라는 것이 인간 마음이 작동하는 경제 심리다.

경제학적 측면에서 우리가 기본적 선택을 한다면, 효율과 최적은 이렇게 갈릴 수 있다. 최적의 선택을 바라지만 결국 효율성에 무게가 실린다. 그래서 우리는 무리해서 일하게 된다. 또 리더는 잘하는 사람에게 일을 몰아준다. 최대치의 결과를 원하기 때문에, 그 결과를 내기 위해서 쉬지 못하고, 힘들더라도 자신의 한계를 넘어서까지 애쓰고자 한다. 이렇게 해야 경쟁자를 물리칠 수 있고 비로소 안전해진다고 믿는다. 그 불안이 내 노력의 원동력이 된다.

그래서 열심히 일하고, 최선을 다하는데도 불안이 사라지지 않는다. 한 능선을 겨우 넘었는데, 여전히 마음은 조급하다. 다음 고개가 눈앞에 보이기 때문이다.

이때 필요한 마음은 무엇일까? 바로 '적정'이다. 많으면 많을수록 좋다는 마음보다 나는 어느 정도면 만족할 수 있는지를 먼저 파악해보는 것이다. 공평해야 한다는 규범이 작동하는 최적은 효율을 이기기 어렵지만, 이때 내게 필요한 양이 어느 정도인지 가늠해보는 적정을 먼저 생각해볼 필요가 있다.

빵 생산 정책으로 다시 돌아가보자. 나 혼자 빵 100개를 만들었어도 혼자 다 먹지도 못하고 팔 수도 없다면 그 일을 내가 다 할 이유가 없을 것이다. 40개 정도만 만들어서 20개는 내가 먹고 20개는 팔아서 내게 필요한 다른 물품들을 산다면 나에게는 충분한 양이 될 수 있다. 정책의 관점에서는 최적과 효율이 선택의 중요한 기준이 되지만, 개인의 관점에서는 '적정'이 우선되어야 한다. 다른 사람들과 함께 살아가는 세상에서 공리적 관점, 평등과 공정을 이해하는 것은 반드시 필요하다.

그렇다면 내가 얼마나 갖고 있어야 충분하다고 여기고 멈출 수 있을까? 적정이란 안심의 세상이다. 만족은 안심에서 오며, 이 정도면 안정적이라는 확인에서 적정을 알 수 있다. 그런데 지금 우리 사회는 불확실성이 높고 미래를 예측하기 어렵다. 변동성이 너무 높아서, 내 한정적 기회와 자원을 효율이라는 관점에서 보게 만든다. 최대한 많이 쟁여놓아야 한다고 믿는다. 그래서 조바심이 생기고 적정에서 멈추기 어렵다.

이럴 때는 나의 적정을 한번 파악해본다. 다른 사람의 시선과 상관없이 나의 생존에 위협이 되지 않으면서도 불편함 없이 만족스러운 상태가 어느 정도인지를 찾아내는 것이다. 그리고 넘치지도 모자라지도 않은 나의 적정 안에서 효율을 추구하는 것이다. 그래야 배고픔, 결핍과 같은 생존의 두려움에서 발동한 불안으로부터 나를 지킬 수 있다. 더 나아가서는 지치지 않고 꾸준히 앞으로 나아가게 하는 동력이 된다.

중요한 일과 급한 일,
무엇을 먼저 해야 할까?

이번에 승진해서 대리가 된 윤영 씨는 고민이 있다. 팀장님이 지시한 업무를 처리하고 있으면, 다른 팀원이나 타 부서에서 급하다며 협조 요청 메일이 쏟아진다. '긴급'이라고 해서 그 일을 먼저 해주면, 막상 맡은 일을 제 시간에 하지 못해 팀장님에게 혼나기만 한다. 그렇다고 요청 업무를 뒤로 미루면 빨리 도와주지 않아서 진행이 안 되었다며 자신을 탓할 것 같다.

사회초년생이라면 이런 경험은 누구든지 해봤을 것이다. 중요한 일과 급한 일 사이에서 어떤 일을 먼저 하는 것이 좋을지 늘 헷갈리고 어렵다. 입사 면접에서도 자주 나오는 질문이라고 하니, 일할 때 꽤 중요한 문제이기도 하다. 면접에서라면 "둘 다 중요합니다"라는 대답이 정답일 것 같지만, 막상 면접에서 저렇게 말하면 떨어질 것 같다.

정확히 말하면 둘을 비교하는 것은 옳지 않다. 중요한 게 급한 것이고, 급한 게 중요한 것 아니겠는가? 그렇지만 이 둘을 구분해야 할 때가 분명히 있다. 갑자기 끼어든 일이 급해 보이고, 가장 중요해 보일 때가 있다. 그래서 정작 중요한 것을 놓친다. 혹은 중요한 것만 붙잡고 있다가 거꾸로 급한 일을 뒤로 미루게 되어서 문제가 되기도 한다.

가장 대표적인 상황이 응급실에서 벌어지는 일이다. 응급실에서 근무하는 의사는 급하고 중요한 상황, 즉 생명이 위급한 상황을 최우선으로 봐야 한다. 문제는 그것을 판단하고 결정하는 것이 의료진이라는 것이다. 응급실을 찾아오는 환자와 보호자는 모두 자신이 제일 중요하고 급하다고 생각한다. 그렇지만 긴급한 상황에 대한 일반인과 의료진의 판단은 다를 수밖에 없다. 겉으로는 멀쩡해도 심근경색이 의심된다면 굉장히 위급한 상황이고, 온몸에 울긋불긋하게 난 두드러기는 보이는 것만큼 일분일초를 다투는 위급상황은 아닐 수 있다.

그만큼 중요한 것과 급한 것에 대해서는 한 번쯤 진지하게 생각해볼 필요가 있다. 이 질문에 대한 현명한 대답은 두 사안의 우선순위를 결정 짓는 것이 아니라, 상황에 따라 둘을 잘 구분할 줄 알아야 한다는 것이다.

먼저 하나하나 뜯어보자. 머릿속에서 '급하다'라는 말은 빠르게 처리해야 할 일로 시간과 속도의 개념으로 인식한다. '중요하다'는 말은 묵직한 것으로 인식하여 질량적으로 밀도가 있는 무게의 개념으로 생각한다. 그러므로 급한 일은 속도가 빨라서 가

만히 두면 놓쳐버리거나, 너무 빨리 다가와서 피하거나 막지 않으면 크게 다칠 일이다. 중요한 일은 무겁고 밀도가 높아서 해결하는 데 힘이 들고, 그 문제를 해결해야 나머지 문제도 해결이 된다. 그런데 우리 마음 안에서는 급한 일과 중요한 일이 동시에 보이면 똑같이 맨 먼저 처리할 일로 느껴진다. 그러므로 '나'를 중심으로 조금 더 세분해서 볼 필요가 있다.

급한 일인지 아닌지를 판단할 때에는 속도와 방향을 살펴봐야 한다. 먼저 속도를 봐야 한다는 것은 '이 일이 정말 급한 것인지'를 확인한다는 의미이다. 정말 급한 일이 아니라 급해 보이는 일이거나 급하다고 주장하는 일일 수도 있다. 방향은 그 일이 나를 향해 오는 것인지 나와 상관없는 일인지를 살펴본다는 의미이다. 더 나아가서는 이 일이 내게 타격을 줄 일인지도 살펴봐야 한다. 타이밍도 판단의 중요한 기준이다. 시간이 지나면 하고 싶어도 못 할 일도 있다. 그러면 윤곽이 보인다. 상대가 일을 처리해달라고 할 때 "급한 일입니다" "긴급" 등을 붙였지만 실은 그렇지 않을 수 있다. 급하다는 말은 매우 상대적 개념이다.

중요한 일이라면 무게와 중량을 가늠해본다. 이 일이 내가 하는 일, 혹은 내 인생에서 어느 정도로 중요한 일인지 '나'를 중심으로 파악해보는 것이다. 종이를 한 장 꺼내서 동그라미를 그린다. 그 동그라미가 '나'라는 존재이다. 그리고 지금 이 중요한 일들이 나와 얼마나 관련이 있는지 위치를 잡는다. 아주 가까이 있을 수도 있고 멀 수도 있다. 그다음에는 중요한 일일수록 동그라미를 크게 그린다. 풍선만큼 큰 동그라미일 수도 있고 하나의 점으로 찍어볼 수도 있다. 이렇게 지도를 그려 보면 저절로 판단이 선다. 핵심에 가까울수록 정말 중요한 일이고, 동그라미가 크더라도 핵심에서 멀어질수록 진짜 중요도는 떨어진다. 예를 들면, 프로젝트의 마감과 절친의 생일파티가 동시에 일어날 때, 개인의 우선순위에 따라 지도를 그려주면 어떤 것을 먼저 해야 할지 잘 선택할 수 있다.

한 가지 더 생각해볼 것은 그 일의 파급효과와 가역성이다. 일단 결정하고 난 다음에 그 결정을 무를 수 없거나 아주 많은 기회비용을 치러야 할 일은 심사숙고해서 결정하는 중요한 일의 영역에 들어간다. 예를 들어 아이를 낳는 결정은 내 삶에 파급하는 영향이 크면서 되돌리기 어려운 일이다. 이직 문제도 그렇다. 그에 반해 집의 가구 배치를 모두 바꾸는 것은 힘든 일이지만 파급효과는 적고, 마음에 들지 않으면 또 옮기면 되니 가역적인 일이다. 중요도 측면에서는 상대적으로 낮다.

이때 잊지 말아야 할 것이 결정을 내릴 때 우리의 감정이 개입할 수 있다는 점이다. 긍정적 감정과 부정적 감정, 두려움과 낙관이 급한 일과 중요한 일을 판단하는 데 큰 영향을 미칠 수 있다.

불안하거나 조급할수록 일은 더 급해 보이고, 중요해 보일 수밖에 없다. 그러니 감정을 덜어내고 판단해보려고 노력하는 것도 중요하다. 가장 쉬운 방법은 거리를 두고 보면서 잠시 시간을 갖는 것이다. 동물적 본능으로는 위급하고 중요한 것, 즉 위협이 된다고 여겨지면 몇 초 안에 반응하고 싶다. 그렇지만 인간의 삶에서 그럴 만한 일은 집에 강도가 들거나 불이 나지 않는 한 거의 없다. 그냥 몇 분 정도만이라도 묵혀둔 다음에 다시 생각해본다. 화장실을 갔다 와도 좋고 잠시 다른 일을 하나 처리한 다음에 마음이 진정 되면 다시 펼쳐본다. 나의 경우 반나절 정도이다. 식사를 하거나 차를 한 잔 마시고 난 다음에 다시 살펴보고 결정한다. 그러면 급한 것과 중요한 것이 조금 더 선명하게 그 실체를 드러낸다. 그다음에 판단해도 늦지 않는다.

마지막으로 내가 감당할 수 있는 일인지를 판단해본다. 중요한 일이지만 내가 해결하거나 맡아서 할 일이 아닐 수도 있다. 내 통제권 밖의 일이라면 아무리 중요하다 하더라도 내가 지금 시급히 고민할 일이 아니다.

이렇게 구별하면 '급한 것과 중요한 것 중 무엇을 먼저 처리할 것인가'라는 질문에 현명하게 대답할 수 있다. 물론 지시하는 사람은 중요하고 급하다고 말하겠지만, 그것을 듣는 자신의 마음속에서는 둘을 잘 구별해서 정리하는 요령이 필요한 것이다. 그래야 허둥지둥하지 않고 일을 잘 처리할 수 있다. 시간이 지나면 일을 현명하게 잘 구분하고 대응하는 사람이라는 평을 들을 수 있을 것이다.

정확한 원인 찾기의 함정

회사에서 가장 많이 하는 회의 중의 하나가 현황 분석 회의이다. 벌어진 상황이나 실패에 대한 원인을 찾기 위해서 모이는 것이다. 원인을 찾는 것이 가장 중요하다며 문제점을 찾고 상황 분석하는 데 가장 많은 노력을 기울이지만, 대부분 딱 떨어지는 원인을 찾기 어렵다. 향후 재발 방지를 위해 대책을 세우고 획기적인 제안을 하려고 해도, 원인 분석이 분명하지 않은 상황에서는 의미가 없다고 여긴다. 어떨 때에는 실무자 선에서 고치기 힘든 시스템이 문제의 원인으로 지목되기도 하지만, 이 경우 구성원들은 힘이 빠지는 무력감을 경험한다. 어차피 이 회사에 있는 한 바꾸기 힘든 문제라는 생각이 들기 때문이다.

오르락내리락하는 환율, 러시아-우크라이나 사이의 전쟁과 같은 국제적 문제를 생각해보자. 우리의 일과 삶에 영향을 주는 중요한 문제이지만, 개인이 해결할 수 있는 문제가 아니다. 내가 환율을 바꿀 수 없고, 전쟁을 종식시킬 수도 없다. 그런데도 우리 사회는 원인을 짚어주지 않으면 대책을 세우거나 실행하는 것이 의미 없다고 느끼는 경우가 많은 것 같다.

원인을 밝혀내고, 문제점을 근본적으로 고쳐야 진정한 해결이 된다는 명제는 옳다. 그런데 현대사회는 점점 작은 자극이 의외의 큰 파국으로 이어지기도 하고, 예측하기 어려우며, 복잡한 여러가지 변수가 작동하다 보니, 갈수록 모호하고 애매한 일만 많다. 사람들은 이럴 때, "이 세상이(내가 속한 시스템이) 단순하지 않고 복잡하구나"라고 인정하지 않는다. 큰일이 벌어지거나 예상과 다른 일이 벌어졌을 때 오히려 더 열심히 원인을 찾으려고 애를 쓴다. 회의를 하고, 태스크포스를 만들고, 책을 찾아보고, 뭔가 중요한 핵심을 놓쳤을 것이라는 불안에서 헤어나오지 못한다.

　내가 뭔가 놓쳤다는 마음으로 계속 원인을 찾는 데 몰두하다가는 아무것도 시작하지 못한 상태에서 제풀에 지쳐버리기 쉽다. 어쩌면 좌절과 무력감에 빠져버릴 위험도 있다. 아무리 노력해도 원인은 모르고, 예측도 못하니, 아무것도 못한 채 그냥 손을 놓고 있어야 한다고 생각하기 때문이다. 그렇다면 지금 필요한 것은 마음 단단히 먹고, 또 전문가의 도움을 청하면서, 혹은 적절한 팀을 짜서 원인을 찾기 위한 노력일까? 아니면 시야를 바꿔보려는 관점의 전환을 해보는 것이 좋을까?

　우리가 원인을 명확히 규명하고자 하는 진짜 이유는, 인간은 불확실성을 견디는 능력이 현저히 떨어지기 때문이다. 애매모호한 상황이 되면 불안이 급격히 증가한다. 그래서 그 상황을 명확하고 분명하게 만들고 싶어 한다. 이유를 만들고, 원인을 밝히고, 기승전결이 있는 그럴 듯한 서사를 만든다. 일종의 서사적 믿음 체계가 만들어지고 나면 그다음에 벌어지는 일들은 실은 딱히 연관이 없는데도 불구하고 다 그것 때문이라고 생각하게 된다. 그래야 겨우 안심이 된다. 그렇게 원인을 찾기 위해 애를 쓰다 보면 맥락이 보이는 것 같다. 뇌가 패턴을 찾는 것을 좋아하기 때문이다.

뇌는 주변의 무작위적 정보들 사이에 패턴을 찾아서 한 줄로 세우는 것을 선호하고 모호한 상황에 놓여 있는 시간을 줄이려 애를 쓴다. 한 줄의 이야기로 만들면 그다음부터는 정보를 받아들이고 분류하고, 판단을 하는 데 드는 에너지가 확 줄어드는 덕분이다. 그래서 그것이 옳고 그른지, 나중에 어떤 부작용이 있는지 걱정하기보다 먼저 기승전결이 있는 이야기로 꿰어 맞추는 편을 선택한다. 그러다 보면 주객이 전도되기도 한다. 충분히 들어온 정보들에 대해 어떤 판단도 하지 않은 채 일단 관찰하고, 1차 판단 없이 재빨리 결론을 내린 다음에 그 결론에 맞는 정보만 취합해서 줄을 세우는 것이다. 아주 쉽고, 빠르며, 에너지도 적게 든다.

"이것 때문이야"라고 단정지어 버리면 원인도 분명하고, 어떨 때에는 해결책도 명확해 보이기까지 한다. 하지만 그렇게 좋은 생각의 방법은 아니다. 자아가 튼튼한 사람, 마음이 건강한 사람일수록 모호하고 애매한 상황을 견디는 능력이 강하다. 평소 자신이 직관적이라고 여기고 일처리가 빠르고 능숙한 편이라고 여기는 사람일수록, 이런 식으로 효율성을 추구하고 있지 않은지 스스로 체크해봐야 한다. 일단 그 어떤 판단도 하지 않고, 원인을 찾으려는 급한 마음을 갖지 않고, 그냥 내게 던져진 팩트와 정보를 원인과 결과로 꿰어 맞추지 않은 채, 무작위로 처음 일어난 일들이라고 가정하고 지켜본다. 그런 과정을 통해 성급한 원인 찾기, 감정적으로 원망하거나 좌절하기, 결론부터 내리기, 같은 실수 반복하기의 악순환에 빠지지 않을 수 있다.

사회나 회사에서 벌어지는 일은 팩트나 정보를 수집하고 내 경험을 더해서 해석한다. 그런데 인간관계는 또 다른 어려움이 있다. 그 사람과 함께한 시간, 다른 사람의 의견, 개인적인 나의 경험들이 합쳐져서 관계에 영향을 미친다. 문제가 생기면 처음 만난 사람과는 바로 그 만남만 뒤돌아보는 것으로 족하지만, 오래된 관계일수록 시간을 되돌리며 하나하나 짚어볼 일이 많아진다. 앞의 상황과 마찬가지로 원인을 분명히 밝히는 것이 문제를 해결하는 최선이라고 믿기 때문이다. 덕분에 같은 실수를 반복하며 오해하고 화내다가 민망해지는 일이 일어난다.

어떤 사람이 실망스러운 행동을 했을 때, "내가 그럴 줄 알았어, 원래 좀 그랬잖아"라고 말하면 마음은 편할 것이다. 그러나 인간의 심리는 그렇게 단순하지 않다. 많은 이들이 문제가 된 사람의 행동에 대해 쉽게 판단하면서 한 명의 나쁜 사람, 못난 사람, 잘못한 사람을 지목하고 싶어 한다.

관계는 '1+1=2'가 아닐 때가 더 많다. 그런데도 우리는 단순한 원인과 결과, 하나를 넣었으니 하나가 더해지는 산수의 명료함을 원한다. "저 사람 때문이야"라고 한 명만 지목하면, 상황이 간단하게 정리된다. 그 말을 듣는 사람도 자기 탓을 하는 것이 아니라 안전하니 동참하고 고개를 끄덕인다. 제일 좋은 점은 나는 그 문제에 원인 제공을 하지 않았다는 해명이 자동으로 이루어진다.

다섯 살 아이가 뛰어가다 풀썩 넘어졌다고 해보자. 아이는 무릎을 부여잡고 울면서 "엄마 때문이야!"라고 소리친다. 엄마는 일단 "그래, 아프지? 엄마가 붙잡아주지 못해서 미안해"라고 위로한다. 엄마 때문에 넘어진 것은 아니지만, 엄마는 부모의 원초적 죄의식으로 100퍼센트 보호하지 못한 미안함을 표현한 것이다. 아이는 자신의 실수를 외부 존재인 엄마에게 투사한 것으로 의식에서 느끼지 않으려고 방어하기 위해 이렇게 말한다. 다섯 살 아이의 이런 반응은 정상이지만, 어른이 할 만한 반응은 아니다. 하지만 우리는 관계에서 이런 패턴을 흔히 만난다. 어떻게든 내 문제가 아니라고 여기고 싶어 하며 바로 눈앞에 보이는 대상을 지목한다. 아이가 엄마에게 화를 내듯이 말이다. 그렇게 해야 나는 그 문제에 관여하지 않았다는 것을 분명히 할 수 있기 때문이다.

원인을 찾는 데에는 여러가지 요소들이 관여하는데 우리는 그것을 인식하지 못한다. 확실한 원인을 찾아 고민하고, 한 번 세운 생각의 틀을 고집하며, 실제 일어난 일뿐 아니라 관계에서도 분명한 답이 있을 것이라는 기대를 버리지 못한다. 특히 종교, 정치에 깊게 몰두하는 사람들이 보는 세상이 그렇다.

이렇게 보면 사람의 마음, 관계, 인생의 선택과 같이 복잡한 문제들은 하나의 확실한 원인을 찾거나, 분명한 진단을 하기 어렵다. 원인을 파헤치면 파헤칠수록 도리어 생각의 수렁에 빠지고, 헛발질을 하다가 위험에 발을 내딛게 될 때가 더 많다. 그러므로 이유를 알아내기보다는 어떻게 하는 것이 좋을지 고민하는 것이 더 나을 수도 있다.

많은 사람들이 인정하고 싶어 하지 않지만, 살아가면서 어떤 어려움이 닥쳤을 때 대부분 확실한 원인을 찾기 어렵다. 잘 모른 채로 모든 상황이 종결될 때가 더 많다. 그러니 너무 빨리 분명한 답이나 원인이 머릿속에 떠오른다면 실은 그것이 정답이 아니라, 내가 그냥 그렇게 믿고 싶어 하는 가능성일 경우가 더 많다. 더욱 조심해야 하는 이유이다.

인생은 복잡한 방정식이라고 말하고는 한다. 멋진 비유이지만, 나는 동의하지 않는다. '방정식'이라는 말은 결국 풀 수 있는 문제이고, 내 능력이 없어서 못 푸는 것이라고 오해를 부르는 말이다. 그냥 잘 모르겠다고 하는 편이 더 적절하다. 그리고 그런 생각이 스스로를 겸손하게 만든다.

인턴 시절 위암 수술을 하는 수술장에서 있었던 일이다. 외과 교수님이 환자의 배를 열자 넓게 퍼진 암세포 조직을 발견했다. 이런 경우에는 수술을 하는 것이 의미가 없다. 항암이나 보조적 방사선 요법이 최선으로, 환자를 살릴 수 있는 다른 방도가 없다. 안타까운 상황이지만 수술을 중단해야 했는데, 교수님은 갑자기 수술을 시작했다. "밥은 먹게 해드려야지"라는 말과 함께였다. 원인이 어떻든, 상황이 얼마나 나빠졌든, 우리가 할 수 있는 최선을 다하는 것이 오랜 임상 경험을 가진 외과 의사의 판단이었던 것이다.

그렇다. 복잡하고 꽉 막힌 상태에 봉착했을 때 그냥 닫아버리거나 주저앉는 것보다 "밥은 먹게 해야지"와 같은 태도가 필요하다. 현재 해결가능한 문제에 집중하는 것이다. 원인 파악을 잘해서 문제를 완벽하게 해결하겠다는 마음이 아니라, 일단 뭐라도 하면서 그 안에서 해결해나가다 보면 문제의 원인도 더 잘 파악할 수 있다. 생각의 우선순위를 바꾸는 것이다. 문제를 깔끔하고 완벽하게 해결하기보다, 대응 가능하고 수용 가능한 수준으로 바꾸기 위해 애쓰는 자세가 일을 할 때 더 중요하다. 현재 내가 할 수 있는 선에서 최선을 다하는 것이 현실적인 최선이고, 이상적 차선책이 된다.

인생의 문제는 답이 하나가 아니고 원인도 하나가 아니다. 인생의 고민은 결국 풀 수 있는 고차방정식이 아니라 원래 답이 없는 선문답 같은 것일지도 모른다. 그런 면에서 정답은 없다는 마음을 가지고, 여러 개의 답 중에서 나쁘지 않은 하나를 선택하는 것이 오히려 더 좋은 선택을 할 수 있는 방법이다.

2장

일하는 나도
내 삶의
일부분이다

시간을 받아들이는 두 가지 감각

직장인의 하루는 아슬아슬한 5분 사이로 긴박하게 시작한다. 잘못해서 지하철을 한 번이라도 놓치면 지각이다. 어떤 사람은 일찍 출근해서 자기계발의 시간을 갖거나 업무 준비를 하라고 하지만 30분 일찍 출근하면 괜히 아까운 기분이다. 출근 시간에 딱 맞춰서 도착하다 보면, 쇼트트랙 선수가 마지막 결승선에서 스케이트 날을 들이미는 마음으로 엘리베이터에 뛰어든다. 1분도 무척 긴 시간으로 느껴지는 순간이다.

이렇게 회사의 하루가 시작되고, 월요일부터 금요일까지는 끝이 나지 않을 것처럼 시간이 길게 느껴진다. 그러나 주말은 너무 짧고, 잠을 조금 더 잤을 뿐인데 어느새 일요일 오후의 해가 넘어가 있다. 일을 처음 시작한 사람일수록 회사의 하루, 일주일,

그리고 일 년의 시간이 종잡을 수 없이 흘러간다고 느껴진다.

업무를 할 때도 시간의 흐름은 다르게 체감된다. 팀 프로젝트에서 처음으로 중요한 업무를 맡았다고 해보자. 나는 마음이 급한데, 고참 부장들은 느긋해 보인다. 빨리빨리 일을 해야 하는데 왜 저 사람들은 움직이지 않는지, 나만 혼자 종종거리며 일을 하는 것 같다.

이렇게 시간의 흐름을 느끼는 것은 상대적이다. 어떨 때는 너무 느리고, 어떨 때에는 따라가기 버거울 정도로 빨리 흘러가는 것 같다. 입시를 준비할 때 시간을 관리하는 요령이 중요했듯이, 일을 더 잘하고 싶다면 "시간이 없다" "시간이 너무 빨리 간다"라며 답답해하기보다 먼저 시간을 인식하는 특성을 이해하는 것이 더욱 중요하다.

가장 먼저 알아야 할 것은 시간은 상대적으로 기억되고 인식된다는 점이다. 누구에게나 처음 해보는 일은 인상적이다. 그래서 오래 각인되어 기억하게 된다. 우리가 기억하는 시간은 이렇게 인상적으로 기억하는 것들에 깃발을 꽂으면서 기록된 것들이다. 그래서 어떤 일을 처음 할 때에는 시간이 느리게 가는 것 같다. 기록할 만한 것들이 촘촘히 쌓이고 내 앞에 놓인 일들도 모두 새로운 것들이다. 이렇게 하루를 보내고 나면 많은 퀘스트를 끝낸 것 같다. 기억해야 할 것이 많을수록 시간은 정신없이 빨리 흘러가는 것 같지만, 돌아보면 느리게 느껴진다. 처음 가보는 여행지에서는 자연스럽게 사진을 많이 찍는다. 여행을 마치고 사진을 정리하려고 수백 장의 사진을 들여다봐도 버릴 것이 없다. 그러니 저장공간도 많이 차지하고 있을 뿐더러 하루치 사진을 보는 데 걸리는 시간이 길다.

그에 반해 익숙한 일을 하게 되면 새로 기록할 만한 것이 줄어든다. 같은 한 달이라도 기억할 만한 깃발을 꽂을 일이 없다. 그러니 '어느새' 한 달이 지난 것처럼 느껴진다. 사무실이나 출퇴근 길의 일상 중에 사진을 찍어 남길 만한 것이 얼마나 있을까? 앞을 바라보면서 일하면 시간의 흐름이 한없이 느린 것 같지만, 돌아보면 한 달이 빛의 속도로 지나간 것 같이 여겨진다. 별것이 없으니 휴대폰 사진첩에 사진 한 장 찍지 않고 넘어가듯이 말이다. "별로 한 것도 없이 한 달이 지났네"라고 중얼거리게 되는 이유이다. 시간의 상대성을 보면 후배와 선배는 이렇게 같은 일터에서 시간을 경험하고 기록하는 보폭이 다르기 때문에, 서로를 수상하게 보기 쉽다.

이렇게 시간의 체감이 다른 이유는 우리가 시간을 직선적으로 이해하고 있기 때문이다. 시간은 한 방향으로 흐르고, 돌이킬 수 없다는 특성이 있다. 시간은 멈출 수 없기 때문에, 인간은 죽을 때까지 쉬지 않고 움직인다. 이것만 보게 되면 아찔하다. 속도가 빠를 때도 있고 느릴 때도 있지만 분명한 것은 절대 멈추지 않는다는 것이다. 그리고 시간을 돌아보고 전환점이 되었던 순간들마다 후회스러운 선택들이 보인다. "그때 그랬어야 했는데, 그걸 선택했어야 했는데"라고 여길 만한 것들이 가득이다. 그럴수록 아쉬움과 후회, 실망만 커진다.

시간의 직선성만 보면 결국은 후회와 실망에 잠기기 쉽다. 하지만 이때 놓쳐서는 안 되는 두 번째 시간의 특성이 바로 순환성이다. 매년 같은 행사가 다시 돌아온다. 크리스마스, 생일이 찾아온다. 봄에는 벚꽃이 피고, 짙은 녹음에 여름을 느낀다. 가을이 오면 전어를 먹고, 겨울에는 대방어 생각에 입안에 침이 고인다. 연말에 송년회 약속을 잡으면, 어느새 1년이 지났나 싶다. 맡은 일도 1년을 한 번 지내고 나면 익숙해진다. 시무식, 상반기 계획 발표, 하계휴가, 하반기 실적 보고, 다음 해 실적 기안과 컨펌, 그리고 송년회와 종무식 등 회사에서도 반드시 돌아오는 일들이 있다.

시간이 직선으로만 쭉 뻗어나가는 것 같지만, 아침에 일어나 밤에 잠들기까지 우리가 하는 행동은 엇비슷한 루틴 속에 있다. 이 느낌은 원을 그리듯이 움직인다. 제자리에서 변화 없이 돌아가는 것 같지만 이런 순환성은 심리적으로 안정감을 준다. '리추얼'이라고도 하고, '의식(儀式)'이라고도 한다. 매번 같은 곳에서 같은 시간에 비슷한 일을 하는 것은 안정감을 준다. 물론 정체감을 느낄 수도 있고 한곳에 고여서 썩어간다는 기분이 들 수도 있지만, 정신없이 앞만 보고 달려가다가 나를 놓쳐버리는 것과 비교하면 결국 매번 제자리로 돌아오는 것은 우리를 안심시킨다.

이와 같은 시간의 순환성은 직진성과 상호 보완적이다. 둘은 배타적인 특성이 아니라 두 가지 다른 특성이다. 직선으로 인식한 시간의 흐름은 끊임없이 앞으로 나아가게 하고 성장하게 하는 동력이 되지만, 되돌릴 수 없다. 그렇기 때문에 순간순간 집중하는 찰나성을 갖게 되고, 동시에 불안감, 후회와 실망, 벽에 부딪힌 기분을 느끼게 한다. 반면에 시간을 순환적으로 인식하게 되면, 잘 아는 것을 다시 한다는 안전함과 안정감을 주는 것으로 직진성의 부정적인 측면을 상쇄시킨다. 우리의 삶은 이렇게 직진과 순환을 함께하면서 흘러간다.

이런 이미지를 그려보자. 매번 같은 곳으로 돌아오는 것 같지만 한 바퀴 돌고 나면 10미터 정도 전진해 있다. 단번에 산꼭대기로 가지는 못하지만 빙빙 돌아서 가다 보면 결국은 정상에 오르게 된다. 일직선으로 뻗어 있는 선 위에 수많은 동그라미들을 연결해서 그린다고 생각해보자. 이 원들은 동그라미를 그리며 제자리에 머무는 것 같지만, 직진하는 시간 덕에 조금씩 앞으로 나아간다. 직선에는 엑셀을 밟아 전진하는 힘이, 순환에는 브레이크를 걸어 속도를 줄여주는 역할이 있는 것이다.

현재 상태가 아찔할 정도로 빠르게 느껴지고 후회할 것투성이라면 순환성에 의지해서 리추얼을 찾아보자. 반면 안전만 추구하며 정체되고 고여 있다고 느껴진다면, 안 해보던 것을 도전해보고, 직진성에 속도를 올리려는 노력을 해야 한다. 이 둘을 적절하고 조화롭게 다룰 줄 아는 사람이 자신의 삶을 원하는 방향으로 운전하는 기관사가 될 자격이 있다.

소진되지 않고 일하기 위하여

일하는 사람이라면 누구든 회사에 나가는 순간부터 감정노동이 시작된다. 상사와 선배에게 인사하고, 사무실에서 감정 변화를 보이지 않도록 표정을 관리한다. 오늘의 내 기분과 상관없이 'OO팀 OOO사원'으로서 부여된 역할을 충실하게 해야 한다. 이를 거부하고 내 감정대로 움직이면 여기저기에서 안 좋은 소리를 듣거나 평판이 나빠진다.

"너 오늘 표정이 왜 그래?" "저 친구는 항상 얼굴이 굳어 있어. 회사 다니는 게 불만인가?" 같은 불편한 피드백이 뒤따른다.

사회적 감정 표현에 익숙하지 않은 사람들은 표정 관리에서부터 에너지가 꽤 소모된다. 일정한 톤을 유지하는 것만으로도 꽤 지친다. 그래서 직장에서 요구되는 감정의 톤을 맞추느라 출근하면서 에너지를 쓰게 되니 아침에 집을 나서는 것조차 주저하게 된다.

어떤 경우에는 퇴근 후에 친구를 만나는 것도 부담스러워진다. 아주 친한 관계라 하더라도 대화를 하다 보면 가랑비에 옷 젖듯이 긍정적 감정뿐만 아니라 부정적 감정을 주고받을 수밖에 없으므로, 만나고 나면 피곤하다. 상대방과 소통하는 과정에서 감정의 진폭은 오르락내리락할 수밖에 없기 때문이다. 매번 성심성의를 다해서 사람을 만나다가는 지치기 쉽다. 공감해주고 열의를 다해서 응대하다가 제풀에 지치는 것이다. 이럴 때는 어떻게 하면 좋을까?

먼저, 감정을 유지하고 표현하는 것은 내 안의 한정된 에너지 자원을 사용하는 것이라 생각한다. 마르지 않는 우물이 아니라 큰 양동이에 담아둔 물이다. 에너지에 여유가 있을 때에는 감정이 풍부하고 표현도 자유롭지만, 여유가 없을 때에는 얼굴이 굳어지거나 애를 써서 사회적 미소를 짓는다. 그렇기 때문에 내 에너지의 여유분을 적당하게 남겨둘 필요가 있다. 그러기 위해서 이런 시도를 해보면 좋다.

첫 번째는 감정을 덜 쏟는 것이다. 사람을 만날 때에도, 또 일을 할 때도 항상 너무 신나서 하지는 말자는 것이다. 감정을 쏟지 않고 그냥 일이니까 하는 것이라고 여겨보자. 그러면 확실히 덜 지친다. 물론 이건 일의 숙련도가 올라간 다음의 이야기이기는 하다. 그저 일을 하는 것이니 하는 것이지, 기분이 나서, 신이 나서까지 할 필요는 없는 경우가 더 많다. 그런 기분이 드는 경우는 가끔으로도 충분하다.

열렬하게 일하지 않는다고 죄책감을 느낄 필요는 없다. 열정이 떨어져서 이제는 일을 그만둘 때라고 하지 말자. 어떤 면에서는 숙련도가 충분해져서 더 이상 감정을 필요로 하지 않는 것인지도 모른다. 하물며 보이는 감정조차도 숙련된 수준의 적정한 감정일 수도 있다. 업무적으로 처음 만나는 사람을 대할 때 긴장하지 않고 80퍼센트 정도의 힘으로 대하는 태도가 오히려 프로처럼 느껴질 수도 있다. 일을 할 때 감정을 너무 쏟거나 일에 강한 애착을 갖지 말자는 것이 정 떨어지게 그저 사무적인 태도로만 지내라는 것이 아니다. 위험신호가 있거나 힘을 정말 쏟아야 할 때는 온 힘을 다해야 한다. 그러나 업무 숙련도가 높을수록 그런 일이 항상 있지도 않고, 자주 있을 이유도 없다.

두 번째는 상황에 맞는 감정의 톤을 찾는 것이다. 혼자 있을 때, 회사에서 일반적 근무를 할 때, 미팅이나 회의에서 내 의견을 말해야 할 때, 점심시간에 사람들과 식사하며 대화를 해야 할 때 등 내게 주어진 상황과 역할에 걸맞은 적당한 톤을 찾아내는 것이다. 그리고 그 톤을 유지하는 데 익숙해지는 것이 필요하다. 우리가 TPO에 맞게 옷을 고를 때를 생각해보자. 휴일에 잠깐 편의점에 갈 때, 주말에 친구와 놀러갈 때, 또 출근할 때 각각 다른 옷을 골라 입는다. 이제 적당한 톤을 잡고 나면 힘이 덜 든다. 놀랄 일, 당황할 일이 줄어든다.

에버랜드 안내 캐스트 '소울리스좌'의 영상에 사람들이 열광

했던 이유도 여기에 있다. 수년 전부터 선배들로부터 내려오는 안내 멘트를, 무심한 듯 영혼 없이 랩처럼 하는 모습이 감정노동을 하는 많은 사람들에게 역설적으로 출구를 보여준 것이다. 실제로 느끼는 주관적 감정과 일하는 사람으로서 주어진 역할의 감정 사이에 격차가 클 때 감정의 소진이 일어난다. 이 감정노동은 육체적 고단함만큼 피곤하다. 소울리스좌는 열심히 일은 하되 온 정성을 다해서 일하지 않아도 프로페셔널하게 일할 수 있음을, 오래 지치지 않고 일을 하는 최선의 방법을 보여준 것이다.

감정은 영어로 '이모션(emotion)'이다. 어느 방향으로 '움직일지(motion)'를 정해준다. 싸울지, 도망갈지, 옆으로 피할 것인지. 감정은 생각보다 빨리 판단하고 몸을 움직이는 가속페달의 역할을 한다. 급가속와 급제동은 차에 탄 사람을 쉽게 피곤하게 한다. 자동차로 장거리 여행을 할 때에는 크루즈컨트롤 장치로 정속 주행을 설정해놓으면 운전하는 재미는 적지만 확실히 덜 피곤하다. 일을 할 때도 그렇다. 오래 지치지 않고 일을 꾸준히 하려면 감정은 최대한 덜 싣는 것이 좋다. 감정을 유지하고 표현하는 것에도 에너지가 든다는 것 잊지 말자. 일을 하면서 분명히 많은 상황들이 생길 테지만, 좋을 것도 없고 나쁠 것도 없다. 신날 것도 아니고 무서울 것도 아니다. 일이란 그냥 일이니까 하는 것이

되었으면 한다. 아무 감정 없이 그냥 흐름을 타고 슥슥 노를 저어
가는 것처럼.

보이지 않는 축적의 힘

일을 하다 보면 '지친다'는 느낌이 올 때가 있다. 보통 입사 후 3년차가 되면 오는 고비다. 처음에는 일을 배우느라 정신이 없었지만 이제는 일이 어떻게 돌아가는지 알겠고 익숙해진 상태이다. 몸과 마음이 편해지니, 쳇바퀴 도는 일상이라는 마음이 강해졌기 때문이다.

찰리 채플린의 영화 〈모던 타임즈〉에 나오는 공장노동자처럼 컨베이어벨트 위에서 나사를 조이는 일을 무한 반복하고 있는 삶을 살고 있는 것 같다. 내가 해야 하는 일들이 나사를 반복해서 조이는 것처럼 느껴지고, 나의 성장에는 전혀 도움이 되지 않아 보인다.

정말 그럴까? 이럴 때 관점의 전환이 필요하다. 오랫동안 꾸준히 자기 일의 우물을 파온 사람의 이야기를 들어보는 것이 도움이 된다. 바로 소리꾼 이자람이다. 그의 에세이 《오늘도 자람》을 펼쳐본다.

우리 시대에 맞는 판소리를 만들고 부르며 수없이 많은 공연을 했지만, 그는 여전히 창작가이자 소리꾼으로 자신을 연마한다. 자기 몸이 바로 악기이자 최고의 재산이다. 오랜 시간 동안 단단히 자신을 지키기 위해 하루의 루틴을 만들고 아무리 바쁘고 싫증이 나도 방문을 꼭 잠그고 소리를 한다. 퀄리티를 유지하기 위한 매일의 시간들을 연습으로 쌓아왔다고 이자람은 말한다.

그는 "보이지 않는 축적의 힘"을 믿는다고 한다. 서서히 쌓이다가 어느 순간 팍 하고 터지는 순간이 있는데, 가스로 가득 찬 콜라가 터지는 순간이랑 비슷하다. 연습의 시간들은 그저 하루의 한순간일 뿐이고 연습을 한다고 기분이 엄청 좋아지는 것도 아니다. 어쩌면 밥 먹는 것, 숨쉬는 것처럼 의식하지 않으면서 하게 되는 아무것도 아닌 일일 수 있다. 그러나 이자람은 건너뛰고 싶었지만 결국은 잘 차려 먹은 한 끼 식사와 같은 것이 연습의 시간이었다고 말한다. 그리고 그렇게 축적된 것들은 매우 "단단하고 깊숙하고 거대하다." 그 축적들이 삶을 지금까지와 전혀 다른 곳으로 이끌기 때문이다.

우리는 가끔 "저 사람은 도대체 어디서 튀어나왔을까?" 하며 의아하게 볼 때가 있다. 타고난 재능이 이제 빛을 발하거나, 운이 참 좋은 사람이거나, 기회를 잘 잡은 사람이라고만 생각한다. 나 같은 평범한 사람과는 다른 존재인 것 같다. 내 눈에 어느 날 갑자기 띄었으니 마찬가지로 어떤 결정적 기회로 인생이 바뀌거나,

거꾸러진다고 여긴다. 하지만 잘되는 사람이 잘되는 이유는, 또 한 무너질 것 같은 위기를 만나지만 무너지지 않고 버텨내는 이유는 그전에 무던하게 쌓아온 축적의 시간이 있었던 덕분이다. 이를 보지 못하면 하늘에서 뚝 떨어진 천재적 재능이 드디어 빛을 본 것이라고 착각하기 쉽다.

단조롭고 반복되는 것 같은 일상을 살아가면서 내가 소모되고 닳고 있다고 생각하면 흘러가는 나의 시간만 아깝다. 그러나 실은 보이지 않게 조금씩 축적하고 있는 것이다. 내가 무엇을 쌓아가고 있는지도 모른 채 뭔가 쌓여간다. 다만 어떤 사람에게는 그게 벽돌을 차곡차곡 쌓듯이 눈에 들어오는 확연한 성장으로 보이지만, 어떤 사람에게는 더디고 또 더디다. 마치 얇은 화장지가 한 장씩 쌓이는 것처럼 눈에 띄지 않는다. 겨우 쌓인다 싶다가도 그 위에 물이라도 한 번 쏟으면 그나마 올라왔던 높이가 확 꺼진다. 그렇지만 화장지는 물을 머금을수록 무겁고 단단해진다. 그렇게 쌓인 화장지들은 바람만 불어도 휙 날아가는 성긴 종이 더미가 아니라 더 단단하고 견고하게 쌓인 탑이 된다.

지루하고 힘들 때 "무슨 영광을 보려고" "아 지겨워" "이건 해서 뭐하게" 같은 말들을 자신도 모르게 자주 한다. 이런 말들을 계속 반복하면 결국 지치고 만다. 그러니 이런 말보다는 뭐라도 축적되고 있다고 생각해보자. 신세 한탄하고, 원망하고, 남의 연봉과 비교하고, 옆 부서 동료를 부러워할 시간에 말이다.

일은 원래 지루한 것이다. 그리고 반복의 연속이다. 숙련되면 일하는 데 드는 힘은 처음보다 현저히 줄어든다. 그런데 아쉽게 도 그 이후에 권태와 지루함이라는 감정적 크레바스에 빠지는 순간이 온다. 한 번 빠지면 벗어나기 쉽지 않다. 또 앞날이 막막 하고, 내가 뭐하나 싶을 때도 있다. 그럴 때 필요한 마음가짐이 바로 '보이지 않는 축적의 시간'을 기억하는 것이다. 그동안 내가 만들어온 그 축적의 시간이 내 안에서 흐르고 있을 것이라는 믿 음이다. 그것이 결국은 나를 지켜주고, 기회가 왔을 때 올바른 방 향으로 나아가게 하는 에너지가 된다.

목표는 언제나 수정 가능하다

처음 목표를 세울 때에는 원대하고 거창하다. 그래서 언제나 목표를 달성하기 어렵다. 목표보다 과정이 중요하다고 말하지만 몸에 좋은 음식을 먹으면 약이 필요 없다는 말처럼 하나 마나 한 말로 들린다. 특히 경쟁이 심한 한국 사회에서는 결과에 대한 압박이 너무 커서 더욱 이런 생각을 많이 하는 것 같다. 그러다 보니 "옳은 자가 이기는 것이 아니라 이긴 자가 옳다"라는 말에 고개를 끄덕이는 사람이 많다. 과정이야 어떻든 결과가 좋으면 모든 허물과 잘못은 덮어질 것이라고 믿는다. 하지만 이런 삶의 태도가 대세가 되는 것이 적잖이 우려스럽다. 삶의 만족과 평온함 역시 치열함만큼 중요한 문제이다.

목표에만 집중하면 처음 세운 목표를 달성하지 못했을 때 실패한 것이 되어버린다. 예를 들어 마라톤 풀코스를 뛰기로 했다고 가정해보자. 첫 완주에 42킬로미터를 달리는 것은 쉽지 않은 일이어서, 40킬로미터쯤에서 포기를 하고 말았다. 4시간도 훌쩍 넘게 뛴 상태이다. 그렇다면 이것은 목표 달성을 하지 못한 것일까? 만일 하프 마라톤 완주가 목표였다면 초과 달성이었을 것이다.

10킬로미터도 시도하지 못하는 사람들이 많은데, 40킬로미터까지 다른 참가자들과 페이스를 맞춰 뛰었다는 것만으로도 충분히 가치 있는 일이다. 그런데도 실패했으니 아예 처음부터 달리지도 말아야 한다고 말하는 사람들이 있다. 오르지도 못할 나무는 쳐다보지도 말아야 한다고 생각한다.

목표지향적인 사람은 과정을 보지 않고 결과만 본다. 결승선을 통과했는지, 목표를 달성했는지 여부가 가장 중요하다. 결과물을 획득하기 위해 목표를 높게 세우고 이를 달성하려고 애쓴다. 그리고 목표 자체가 아주 좋은 동기부여가 된다. 하지만 애초에 그 목표가 달성하기 어려운 것이었다면, 실패로 인해 좌절과 실망감을 느끼는 것은 비합리적일 수밖에 없다. 아무것도 하지 않은 사람에 비하면 참으로 많은 것을 해낸 것임에도 비현실적인 목표에 실제로 자신이 한 성취가 가려진 것이다. 진행 단계에 따라 적절히 올바른 방법으로 과정을 거쳐갔다면, 그것만으로도 충분한 성공이고 성취이다. 목표지향적 사고는 동기부여는 하지만 거쳐온 과정을 과소평가하게 만드는 것이다. 한편으로는 너무 높은 목표를 둔 경우, 아예 시작을 하지 못하거나 해야 할 일을 회피하고 뒤고 미루면서 제자리에 머물러 있기도 한다. 시작하지 않았으니 실패의 좌절도 없다.

물론 나도 목표를 동기부여의 중요한 지렛대로 사용하는 것에 대해서는 전적으로 환영한다. 그러나 이것이 전부가 아니다. 목표를 이루기 위해 노력하고 실행하는 과정에서 얻은 것이 무엇인지, 목표가 있었기에 해낸 것이 무엇인지 돌이켜보자. 분명히 남는 것이 있다. 100점을 목표로 했는데 결과는 70점이었다고 하자. 그러면 아무것도 안 해서 0점인 사람에 비해서 70이나 해낸 것이다. 내가 몇 점 모자랐는지만 보려고 하지 말고, 처음 시작할 때보다 얼마나 많이 성취했는지를 봐야 한다. 목표의 기준이 '나'의 성취가 되어야 하는 이유이다.

그리고 목표는 가변적이고 유동적이어야 한다. 상황에 따라 수정할 수 있어야 한다. 목표에만 매몰되면 객관적인 눈을 잃게 만들 위험이 있다. 그 목표가 현실적인지, 실현 가능한지, 혹시 오기로 하고 있는 것은 아닌지, 그만해야 하는 상황인지 판단력을 흐리게 만든다. '이기고 지는 것', '달성과 실패'의 1과 0의 세계로 인식되면, 목표 달성에만 매달리게 된다. 그러다가 완전히 소진되거나 더 큰 위험에 빠질 수도 있고, 다른 좋은 기회를 잃어버릴 수 있다.

이럴 때는 지금의 목표가 타당한지 중간중간 점검을 해야 한다. 뭔가 제대로 되지 않는 것 같거나, 쳇바퀴만 도는 느낌이 들거나, 목표와 성과 사이에 큰 괴리가 느껴질 때가 바로 목표를 체크해야 할 때이다. 그리고 만일 '이건 아니다' 싶을 때 '완전한 실패'라고 여기기보다는 '지금까지 그래도 한 것이 있다'라고 받아들이며, 과정을 통해 얻은 성과에 대해 생각해야 목표를 수정하고 방향을 바꿀 수 있다. 더 나아가 '이건 아니었구나' 하면서 목표 달성을 중단하고 미련까지 버릴 수 있다.

멈춰야 할 때 멈추고 그만둘 줄 알아야 인생이 꼬이지 않는다. 과정이 중요하다면 목표를 달성하지 못해도 중간에 멈출 수 있게 된다. 더욱이 중간에 멈출 줄 아는 사람이 안전하고 더 많은 것을 얻는다. 다만 그런 사람이 잘 알려지지 않았을 뿐이다.

애니 듀크의 《큇》에는 이와 관련된 사례가 나온다. 에베레스트 등반대였던 스튜어트 허친슨, 존 태스크, 루 카시슈케의 이야기이다. 이들 세 명은 팀과 함께 에베레스트 정상 직전까지 올라갔지만, 정상에 오르려는 행렬이 너무 많아 등반 일정이 뒤로 밀리게 되었다. 무사히 캠프로 돌아가기 위해서는 반환 시간인 오후 1시에는 하산해야 하지만, 정상에 오를 수 없었다. 아주 오랫동안 등반을 준비했고, 한 명은 7대륙 최고봉 모두를 오르는 대업을 이루기 직전이었다. 하지만 현실적인 어려움을 깨닫고 오전 11시 30분에 하산을 시작해서 모두 무사히 돌아올 수 있었다. 반면에 같은 날 세계적 등반가 롭 홀의 팀은 반환 시간을 무시하고 정상까지 올라갔지만, 하산하는 길에 팀원 모두가 사망하고 말았다.

롭 홀의 사고는 널리 알려졌지만, 중간에 돌아온 세 사람의 이야기는 조용히 묻혔다. 고생 끝에 성공에 이른 고진감래의 이야기도 아니고, 가슴을 뭉클하게 하는 극적인 사건도 아니었기 때문이다. 적절한 순간에 멈추었기 때문에 안전하게 살아서 돌아왔지만, 사람들의 머릿속에 남지 않았다. 그만둘 때 그만둘 수 있는 능력은 멋지지는 않지만 위험에서 벗어날 때 필요한 능력이다.

어느 선에서 멈추고 돌아설 수 있는 용기가 필요하다는 것은 김새는 이야기가 아니라 자극적 일화들에 묻혀 보이지 않던 생존의 지혜인 것이다. 잘 멈추고 포기한 사람들은 조용하지만 안전하게 잘 지내고 있다. 뉴스에 나오지 않을 뿐이다.

그러므로 목표에만 매몰되지 않아야 주어진 결과에 실망을 덜하고, 과정을 거치는 중에 얻은 것을 소중하게 여길 수 있다. 무엇보다 현실적으로 목표를 세워야 한다. 그래야 동기부여가 되고, 나아갈 방향을 모색할 수 있다. 그리고 목표가 높고 힘들수록 한 걸음 한 걸음씩 걸어가는 과정이 중요하다. 산이 높고 험준할수록 눈앞의 다음 발을 내딛는 것에 집중해야 다치거나 포기하지 않고 산을 넘을 수 있다. 마지막으로 너무 힘들다면 이 정도에서 멈추자고 결정 내릴 수 있는 용기가 필요하다. 그만두는 것은 창피한 일이 아니라 나와 모두의 안전을 위해서, 그리고 분명히 다시 돌아올 다음 기회를 위해서 할 수 있는 최선의 선택이다.

일은 내 존재를
긍정하는 기회가 된다

어느 순간 워라밸을 추구하는 것이 직장인의 이상적 목표가 된 것 같다. 하루 24시간 동안 8시간 일하고, 8시간 휴식하고, 8시간 수면을 취하여 일과 삶 사이에 적절한 균형을 이루는 것이 바람직하다는 것이다. 워라밸이 좋지 않다는 뜻은 일하는 시간이 길어서 내 삶을 향유할 시간이 적다는 것이고, 급여가 높다 해도 워라밸이 없다면 가고 싶지 않은 직장이 된다.

하지만 현대사회는 온오프의 구분이 없어졌고, 퇴근한다고 해도 언제든지 직장에서 메일, 전화, 문자, 카톡 등으로 연락이 올 수 있다. 집으로 돌아와 눈은 텔레비전에 가 있더라도 머리속에서는 낮에 마치지 못한 일이 돌아간다. 그런 하루하루가 지속되다 보니 사람들은 워라밸 달성이 어떤 삶의 지향점이 되어가고 있는 듯하다. 일에 지쳐 번아웃을 경험한 사람들, 아이의 유치원 행사에 못 가고 직장에서 일을 해야 했던 사람들, 저녁에 친구도 못 만나고 매일 야근을 거듭하던 사람들이라면 일종의 피해의식이 생길 만한 현실이다.

이런 상황에서 덴마크의 철학자이자 기업 컨설턴트인 모르텐 알베크는 저서 《삶으로서의 일》에서 워라밸이 위험한 개념이라는 도발적인 주장을 하고 있다. 그는 우리의 삶에서 일하는 시간과 내 삶을 만들어가는 시간을 어떻게 딱 잘라서 구분할 수 있냐고 묻는다. 삶은 연속된 하나의 시간 축 안에 존재한다. 시간을 쪼개어 8시간 일하고 8시간 쉰다고 해서 내 삶이 두부 자르듯이 딱 나누어지는 것이 아니다. 이런 인식은 마치 일, 휴식, 놀이가 각각의 독립적이고 배타적 영역으로 존재하고 있고, 한정된 시간 안에서 각각의 영역이 얼마나 더 차지하는지를 두고 경쟁하고 있는 이미지를 만든다. 하지만 현실은 일하는 '나'와 쉬는 '나', 노는 '나' 모두 '나'라는 한 사람을 이루는 하나의 정체성이고, 여러 개의 가면을 쓰는 것처럼 각각을 따로 구별할 수 없다.

그런데도 워라밸이라는 이분법적 사고를 하게 되면, 일하는 것 자체를 건강하지 않은 것, 부정적인 것으로 인식한다. 일하는 시간이 길어지거나 일에 에너지를 많이 쓰면 놀거나 쉬어야 할 시간이 줄어들고, 자신의 에너지를 과도하게 써서 손해를 보고 있다고 생각할 위험이 있다. 흑과 백, 음과 양, 수입과 지출처럼 일과 나머지를 결코 섞이거나 조화를 이룰 수 없는 반대의 개념으로 생각하게 되는 것이다.

하지만 휴식과 나머지 삶이 중요한 만큼 일도 중요하다. 나는 내가 살아가는 이 사회에서 가급적 오래 일하면서 살아가고 싶다. 일을 통해 나는 내 존재감을 확인한다. 그리고 이것은 건강한 자존감의 기반이 된다. 일을 좋아할 필요까지는 없지만 억지로 하고 있다고 여기고 싶지는 않다. 억지로 하는 일로 나를 규정하게 되면, 내 삶의 가장 중요한 부분을 부정적으로 바라보고, 현재의 삶을 나쁘게 평가하게 된다.

내가 사회에서 어떤 존재로 규정되는지는 내 정체성을 만들어가는 데 무척 중요한 작업의 일환이다. 그리고 그 노력을 가장 치열하게 해나가며 수많은 시행착오와 실패를 거듭하는 시기가 청년기이다. 이 시기에 워라밸의 개념을 잘못 이해하면 일하는 시기와 그 과정이 자칫 손해만 보는 시간으로 생각할 수 있다. 일하는 삶을 경험해보지 않은 채, 일하면서 나는 소모되기만 할 뿐이고 내 삶은 일에 갉아 먹히고 있다는 생각부터 먼저 하게 되면, 삶이 불행해질 수밖에 없다.

더 나아가서는 내 삶의 전체적 목표나 의미를 찾는 과정에서 내 일의 기능적 요소를 고민해보는 것이다. 내가 추구하는 가치가 무엇인지, 개인으로서 내가 조직과 함께하며 적절한 역할을 하고 있는지, 지금 다니는 회사와 나 사이의 계약에서 책정되어 있는 보상이 적절한지, 내가 일하면서 무엇을 배우고 있는지에 대해서도 생각해보는 것이다. 그러다 보면 일에 대한 시선도

달라진다. 일을 좋아하는 것까지는 아니더라도 싫어하지는 않았으면 한다. 왜냐하면 일을 통해 나는 독립적으로 생존할 수 있으며, 자유를 획득할 수 있기 때문이다.

워라밸은 몇 시간을 더하고 빼는 것으로 나의 손해와 이득을 계산하는 것이 아니다. 힘을 더 쏟거나 빼면서 리듬을 타는 것이다. 일하는 와중에도 누군가에게 친밀함과 애정을 느끼고 작은 기쁨을 충분히 즐길 수 있고, 반대로 쉬는 중에도 괴로움과 소모되는 기분을 경험할 수 있다. 나 역시 일하면서 사람에 대한 신뢰를 상실하기만 하고 보상의 기쁨이 없었다면 일을 내 삶과 연결시키고 싶지 않았을 것이다. 그러나 오랫동안 일을 하다 보니 어떨 때에는 일상에서보다 더 자주 자잘한 즐거움을 경험하면서, 내가 살아 있음을 확인하고, 내가 이 세상에 존재하고 있음을 긍정적으로 인식할 수 있는 기회를 만날 수 있었다.

100퍼센트 일만 하는 사람도 없고, 오직 쉬고 놀기만 하는 베짱이도 없다. 또한 일에서도 즐거움이 있고, 쉬며 노는 중에도 괴로운 상황은 벌어진다. 일반적으로 우리의 뇌는 괴로움을 피하는 것을 우선하는데, 일이 괴로움이라 여겨지면 일단 피하려는 방향으로 감정적 반응을 하기 쉽다. 여기서 '밸런싱'은 일이라는 밥벌이 안에서 즐거움과 괴로움, 휴식과 개인적 시간 안에서 경험하는 평온함과 불안함 사이의 균형이라는 관점으로 보는 것이 좋다. 이들이 모두 합쳐진 것이 내 삶의 연속성이자 내 정체성을 구성하는 것이다.

3장

누구나
벽에 부딪힐
때가 있다

일을 고르는 네 가지 기준

일을 앞에 두고 우리는 하기 싫은 마음이 드는 동시에, 한편으로는 일을 잘하고 싶은 마음도 든다. 출근하기 전에는 오늘 하루 내게 닥쳐올 일을 생각하면 가슴이 답답해지지만, 막상 일을 하는 동안은 아무 생각이 없을 때가 더 많다. 더욱이 일을 잘 마치고 나면 확실히 성취감이 있고, 나의 존재감도 분명해지는 것을 느낀다. 그런 것을 보면 일을 좋아하는 마음도 있긴 있는 것 같다. 일은 보상과 함께 오는데 보상만 바라면 속물 같아 보여서 싫고, 보상보다 일 자체가 더 중요하다고 말하면 시대착오적인 것 같다. 보상보다 일을 더 하면 손해를 보는 것 같고, 보상보다 일을 적게 하면 이득인 것 같지만 동시에 찜찜한 기분도 든다.

일 자체를 싫어하지 않는 사람도 일에 관해서 여러 가지 고민이 있다. 일이 좋을 때가 있지만 일에 휩쓸리기 싫다. 일하면서 내 정체성을 찾고 싶지만, 그렇다고 너무 몰두하다 나를 잃어버리고 싶지도 않다. 또 일에만 매여서 중요한 인간관계를 망치고 싶지도 않다. 열심히 일한 보상으로 돈을 잘 벌고 싶지만, 돈이 아니라면 의미 없을 일만 하면서 살고 싶지는 않다. 일을 통해서 배우고 싶지만, 너무 어려워서 매번 좌절만 반복하는 실패의 경험을 하고 싶지도 않다.

이런 양가감정을 품은 많은 사람들이 이왕이면 좋아하는 일, 하고 싶은 일을 하면서 살고 싶어 하지만, 그런 경우는 많지 않다. 무엇이든 일을 하고 있다면 더 잘해내고 싶은 마음이 들지만, 내 능력과 재능이 이 일에 잘 맞는지 모르겠다는 마음이 들기도 한다. 의욕이 넘치다가 갑자기 힘 빠지는 마음을 추스르는 것도 어렵다. 이렇게 일을 앞에 둔 사람의 마음은 모순투성이다.

이럴 때일수록 좋은 선택을 해야 한다. 일하는 내가 나의 전부가 되면 안 되겠지만, 그렇다고 일이 아무 의미 없는 돈벌이일 뿐이라고 말하기에는, 일하는 데 가장 많은 시간과 에너지를 쓰고 있다. 무엇보다도 이런 식으로 말하면 무의미한 것에 매여 있는 내 인생이 불쌍하게 느껴진다. 이런 상황이 되지 않으려면 일을 선택해야 하는 순간, 나름의 원칙을 세우고 그 원칙을 지킬 필요가 있다.

나는 연구 제안, 원고 청탁이나 강연 섭외 등 어떤 제안이 들어오면 '보상, 의미, 재미, 관계'라는 네 가지 원칙을 기준으로 선택한다. 처음부터 이런 원칙을 세웠던 것은 아니지만, 경험치가 쌓이면서 나만의 기준이 만들어졌다. 몇 번의 시행착오를 경험하다 보니, 의뢰받은 일이 네 가지 기준 중 어디에 속하는 일인지 먼저 생각하는 습관이 생긴 것이다.

먼저, '보상'이다. 일을 하면 보상이 따른다. 내가 생각하는 일에 대한 합당한 보상을 받고 하는 것인지, 아니면 그보다 적은지를 따져본다. 이에 대해 상대방과 협상하는 것을 속물이라고 생각하지 않는다. 원고나 강연을 요청받았을 때, 조금 민망하지만 원고료나 강연료를 먼저 물어본다. 불확실성을 제거하는 것이다. 내 기준보다 적다면 다른 요소에서 기준에 맞는지 확인하고, 만일 기준에 맞는 보상이라면 내가 받아서 해도 되는 일이다. 재능기부라는 말로 보상을 주지 않거나 터무니없이 적은 금액의 제안은 단호하게 거절한다. 재능 자체를 기부하기보다 돈으로 받아서 그 돈을 기부하는 편이 낫다고 생각한다. 재능은 기부의 대상이 아니라 내가 지켜야 할 소중한 자원이다. 우선 평소 내가 제공하는 일의 가치에 대한 금전적 보상의 기준표를 갖고 있는 것이 좋다. 이를 기준으로 삼아서 다른 보상이 제공된다면 내 기준으로 환산하여 이 일을 받아들일지 여부를 결정할 수 있다. 그 기준보다 너무 적게 받으면 일을 하는 내내 기분이 썩 좋지 않고,

의외로 많은 보상을 받으면 기분은 좋지만 의뢰한 사람의 기대치를 만족시키지 못할까 봐 불안한 것도 사실이다.

두 번째는 '의미'이다. 배울 것이 있는 일인지, 타인과 공동체를 위해 좋은 일인지, 성장과 새로운 경험을 위해서 해볼 만한 일인지는 그 일을 선택하는 데 마음이 기우는 중요한 요소 중 하나가 된다. 그렇지만 여러 번 반복한 일이라 배울 것이 없거나, 사회에 적게나마 기여할 만한 요소가 보이지 않거나, 특정 회사나 단체에만 좋은 일이라면 그 일은 선택할 가치가 없는 일이다.

세 번째는 '재미'이다. 그 일을 함으로써 만나고 싶었던 사람과 함께 일해본다거나, 안 가본 곳을 가볼 수 있다거나, 평소에 궁금했던 분야에 참여할 수 있다면, 오직 재미와 즐거움을 위해 선택하게 된다. 그런데 지루하고 고리타분한 일이라고 생각된다면, 역시 선택할 가능성이 확연히 떨어진다. 재미의 영역에서는 말이다. 꽤 먼 지역의 도서관에서 강연 요청이 온 적이 있다. 마침 주말이라 '한번 가볼까?'라는 생각이 들어서 승낙을 했다. 강연을 마치고 작은 도시의 골목길을 돌아다니다가 멋진 카페를 발견하고 커피도 한 잔 마셨다. '재미'를 기준으로 결정했을 때 얻었던 작은 행복이었다.

네 번째는 '관계'이다. 재미, 의미, 보상은 없지만 내가 소중하게 생각하는 사람, 나와 오래 인연을 맺어온 사람을 위해서 하는 일이라면 흔쾌히 선택한다. 내가 신세진 사람에게 보답하는 차원일 때도 있다. 인생에 더 도움이 되는 것은 신세진 것은 반드시 갚는다는 마음이다. 나와 인연이 있는 사람에게는 그저 호의와 감사의 마음으로 한 번쯤 내 시간과 에너지를 나눠줄 의향을 갖고 있다. 세상은 혼자 사는 것이 아니고, 서로가 서로를 돕고 의지하고 협력하면서 살아가는 것이다. 시간이 지날수록 이 생각에 더욱 확신이 든다. 나는 기본적으로 네트워크를 유지하는 데 최소한의 에너지만 쓰고, 명함을 주고받는 것도 낭비라고 생각하며, 평소에 안부 인사를 하는 것에도 게으르기 짝이 없다. 어떻게 보면 이기적이라고 볼 수도 있다. 하지만 그럴수록 내가 챙겨야 하는 영역 안에 들어온 사람과의 관계를 위한 것은 선택의 중요한 요소로 생각하려 한다.

자, 이제 다시 내게 주어진 선택지를 점검해보자. 위의 네 가지 중 하나는 들어가야 한다. 그러면 나머지가 마음에 들지 않더라도 이렇게 생각해보는 것이다.

보상: 돈이라도 들어와야지!

의미: 의미도 없다면 왜 하겠어?

재미: 다 재미있자고 하는 것!

관계: 너를 봐서 하는 거야.

그리고 이 중에 하나라도 속하지 않는다면 굳이 할 필요가 없다. 어떤 방향으로도 남는 것이 없는 일이기 때문이다. 대부분 자신도 모르게 한 가지 관점에 기울어져서 선택해왔을 가능성이 높고, 인생의 어느 시점이나 그동안의 경험에 따라 판단하게 되는 경우도 많았을 것이다. 관계에 치우쳐서 인지상정으로 해왔거나, 돈에 목매달고 있거나, 경험을 쌓는 데에만 몰두하고 있었을 수도 있다. 그러니 주어진 한 가지 관점만 고수하기보다 다양한 관점을 가지고 시도해보는 것이 좋다.

이제 과감히 거절하는 연습을 해보자. 네 가지 영역에 포함되는 것이 없다면, 이 정도 점검을 했는데도 도저히 왜 해야 하는지 내 스스로 설명하지 못한다면 할 필요가 없다. 하겠다고 덥석 물었다가 일하는 내내 후회하고 가슴이 답답해질 확률만 올라간다.

일터에서 성공은 일을 잘 고르는 선택의 누적 속에 얻어진다. 선택하고 난 다음에 불안하고 망설여지고 미련이 남을 때도 있을 것이다. 그러나 적절한 고민을 거쳤다면 내 선택에 확신을 갖고 앞으로 나아가는 것이 좋다.

스스로 만든 구덩이에서
빠져나오기

준희 씨는 운영하는 카페에 앉아서 고민에 빠졌다. 6개월 전에 개업했을 때에는 손님이 꽤 있었고, 앉을 자리가 없어 돌아가는 사람도 있었다. 개업을 하기 전에 선배의 카페에서 1년을 일하며 배웠고, 누가 봐도 좋다고 말하는 자리가 나와서 계약을 하고 카페 문을 열었다. 반년이 지나니 처음과 달리 손님은 줄어들고 어떨 때에는 전기료가 더 나가는 것 같다. 아르바이트를 구할 형편도 안 되어 혼자서 모든 일을 다 하며 겨우 유지하는 중이다.

처음에는 근처에 저가 커피 매장이 생긴 것이 원인인가 했으나 꼭 그런 것도 아니다. 메뉴 구성을 바꿔보고, 새로운 메뉴를 추가하고, 단골들에게 서비스를 제공해봤지만 유인 효과가 없는 것같다.

어느덧 나를 처음 카페 일로 이끈 선배가 야속해지기 시작했다. 내가 싹싹하게 사람을 잘 대한다고 칭찬해준 고등학교 선생님도 원망스럽다. 이대로 계속하면 망해서 신용불량자가 될 것 같은데, 지금이라도 매장을 내놓고 권리금을 조금이라도 챙겨서 빠져나가야 하나 고민이 된다. 걱정스러운 눈으로 배웅하는 어머니의 표정에 미안하고 화가 난다. 카페를 하겠다고 나섰을 때 왜 더 적극적으로 말리지 않았는지, 그랬으면 안 했을 텐데.

전 직장 동료들의 회식 사진을 보니, 아침부터 늦은 밤까지 가게에 매여 있는 내가 더 초라하고 한심하게 느껴진다. 생각이 꼬리에 꼬리를 무니 숨을 쉬기가 힘들어지고 눈물이 날 것 같다. 내 인생은 실패인 것일까? 희망 고문은 그만 멈추고 싶다.

'도대체 어디서부터 잘못된 걸까?'라는 생각이 계속해서 이어지는데 답은 없고, 가슴만 답답하고, 속은 울렁거린다. 고민 속으로 푹 들어간 것 같은데 빠져나올 방법이 없다.

우리는 문제가 생겼을 때 최선의 답을 찾기 위해 노력한다. 제대로 된 결정을 내리고 싶거나, 더 나은 선택을 위해서, 그리고 현재의 문제를 만든 과거 사건에 대한 원인과 이유를 찾고 싶기 때문이다. 이렇게 생각에 몰두하고 기억을 되새김질하는 것은 인간의 본성이기도 하다. 문제의 원인을 찾아서 가장 타당한 해결책을 찾아야 같은 문제를 반복하지 않을 수 있기 때문이다.

"기억은 어느 시점을 위해 존재할까요?"라는 질문에 대부분의 사람들은 당연히 "과거에 일어난 일을 잘 간직하기 위해서"라고 답할 것이다. 그런데 여기서 한 발자국만 더 들어간 질문을 해보

자. "왜 과거를 기억해야 하죠?"

우리가 과거를 기억하는 이유는 미래를 대비하기 위해서이다. 과거의 데이터베이스를 기반으로 앞으로 일어날 미래에 이전의 안 좋았던 경험을 다시 겪지 않기 위해서이고, 또 더 나은 해결책이나 새로운 시도를 해보기 위해서이다. 그런 면에서 기억은 과거가 아닌 미래를 위해 존재한다. 하지만 우리는 흔히 오해를 한다. 과거에 있었던 일을 현재의 감정 상태에 따라 과대 포장하거나 평가절하해서 각색된 방식으로 기억하고 있다가 현재 필요한 대로 꺼내 쓴다.

그러다 보면 끄집어낸 과거의 기억들이 뒤엉키고 너무 많은 기억이 떠올라 버겁게 느껴진다. 그러면 고민에 빠져서 헤어나오지 못하게 되는 것이다. 어느 시점부터는 고민을 위한 고민, 노력을 위한 노력, 이유를 찾기 위한 이유 만들기에 들어간다. 마치 회의를 위한 회의, 위원회를 구성하기 위한 위원회를 만드는 관료주의적 회사가 내 머릿속에서 세워진 것 같은 셈이다.

이런 상황을 생각해보자. 길을 가다가 돌부리에 걸려 넘어진다. 넘어진 근본적인 문제를 해결하기 위해서 원인을 제공한 이 돌을 캐내고 그 안에 뭐가 있는지 찾아내야 한다고 생각한다. 삽으로 돌부리 주변을 파기 시작하지만 파도 파도 끝이 없다. 다른 구덩이를 파보지만, 내가 걸려 넘어진 이유를 설명해줄 만한 것은 나오지 않는다.

　너무 지친 나머지 삽을 내려놓고 주변을 둘러보면, 구덩이의 입구가 내 키보다 높다. 나가려고 해도 손이 닿지 않는다. 깊은 구덩이 속에 갇혀버린 것이다. 도저히 나갈 수 없는 깊이까지 파고 들어왔는데, 바깥이 보이지 않아 다른 사람에게 도움을 청할 수도 없다. 이런 모습이 바로 우리가 생각에 골몰하면 맞닥뜨리게 되는 상황이다.

　원인을 깊이 파보는 것도 괜찮은 한 가지 방법이다. 그러나 우리는 대부분 적절한 순간에 멈추지 못한다. 그동안 해온 것이 아깝고, 하던 것을 계속하는 관성의 힘이 그만큼 강하기 때문이다. 조금만 더 파면 딱 우리가 원하던 것을 얻을 수 있을 것 같다는 아쉬움에 그만두지 못하는 것이다.

　파다가 무릎, 허리 깊이 정도가 되었을 때에는 멈출 줄 알아야 한다. 스스로의 힘으로 나올 수 있을 정도의 깊이라는 의미이다. 물론 더 권장하는 것은 삽을 가져와서 파보려고 하지 않고 그냥 지나가버리는 것이다. 궁금해서 미치겠지만 굳이 몰라도 되는 일도 있고, 모든 일의 원인을 꼭 알아야 한다는 원칙도 없다. 생각을 멈추고 그 충동을 억제할 수 있어야 한다. 또 여기까지 팠는데 뭐가 나오지 않았다면, 더 판다고 나오지 않을 것이라는 마음 자세도 필요하다. 미련을 남기지 않기 위해 끝까지 가봐야 한다는 태도는 스스로를 괴롭히는 일일 뿐이다.

원인을 몰라도, 답을 찾아내지 않아도, 확인을 하지 않아도, 큰 문제가 생기지 않는 경우도 많다. 오히려 원인과 답을 현재의 상황, 내 능력으로는 도저히 알아낼 수 없는 경우가 더 많기도 하다. 어떻게든 문제를 해결하고 말겠다는 마음이 들더라도, 한쪽에서는 반드시 구덩이에 빠지면 안 된다는 생각은 잊지 말아야 한다. 그 위기의 가능성을 항상 생각하고 있을 때 우리는 멈출 수 있다.

번아웃은 예방이 최선

사람이 기계는 아니지만 기계와 비슷한 점이 많다. 많이 쓰면 빨리 망가지고, 너무 적게 쓰면 녹이 슨다. 한곳이 살짝 망가졌을 때 빨리 고치면 큰 문제가 없지만, 방치하면 다른 곳까지 무리가 가서 전체가 망가져버리기 쉽다. 일을 오래 하다가 지쳐서 소진되고, 쉬어도 쉽사리 회복이 되지 않은 상태가 지속될 때 '번아웃(burn out)' 상태라고 한다. 기계로 비유하면 마모되고 닳아버려서 부품을 갈아야 할 상태가 된 것이다.

번아웃은 글자 그대로 '다 타버린 상태'를 말한다. 세계보건기구(WHO)에서는 2019년 질병은 아니지만 '직업 관련 증상'에 처음으로 이 단어를 등재하며 "과도한 근무시간과 근무량으로 인해 피로가 쌓여 모든 것에 무기력, 의욕 상실, 분노, 불안감을 느끼는 현상"으로 정의했다. 즉 신종 질환은 아니지만 보건적 측면에서 관심을 기울여야 할 증상의 하나로 공식화한 것이다. 먼저 근무시간과 근무량이 현저히 많고 이로 인한 피로가 쌓여 감당하기 어려운 상황이 되는 것이 원인이다. 보통은 지쳤을 때 쉬면 좋아지는데 번아웃 상태는 쉬어도 회복이 되지 않으니 매사에 무기력하고 지친 상태가 이어진다.

번뜩이는 아이디어를 떠올리거나, 새로운 제안을 하고, 안 해도 되는 일을 하겠다고 나서는 의욕이 전혀 생기지 않는다. 겨우 해야 할 일을 하는 데에만 급급하니 당연히 의욕을 느끼기 어렵다. 여기에 더해서 예상하지 않은 일이 던져질까 걱정이 되어 회피하게 되고, 하던 일도 "이런 건 뭐 하러 하나" 하는 냉소적 태도가 생긴다. 작업 능력이나 효율이 떨어질 수밖에 없다.

지역의 공공의료기관에서 근무하는 30대 의료진이 나를 찾아온 적이 있다. 코로나19 방역 업무를 1년 반 정도 하다가 다른 업무로 이전하기로 했으나, 2022년 초에 오미크론 확산으로 원래의 업무를 계속하게 되었다. 성실하게 일해왔지만, 과중한 업무가 오래 지속되다 보니 갑자기 지쳐버린 상태가 되었다. 휴일에 잠을 자는 것으로도 피로가 풀리지 않았고 아침에 출근하려고 하면 눈물만 났다. 머리가 멍해서 집중이 안 되고 익숙하던 업무에도 잦은 실수가 생겼다. 아무래도 안 되겠다 싶어서 연차를 내고 일주일 넘게 쉬었지만, 눈물만 나고 몸이 회복되지 않아 나를 찾아온 것이었다. 우울증과 다르게 슬프거나 비관적인 사고의 흐름은 없었다. 그냥 지친 것이 회복되지 않아서 작은 일 하나가 더 얹어지는 것도 두려워졌을 뿐이다. 전형적인 번아웃이었다. 충분한 휴식이 필요하기에 6개월 병가를 얻게 도와드렸고, 석 달이 지나서야 비로소 회복이 된 모습으로 나를 찾아왔다.

그렇다. 번아웃은 쉽게 치료가 되는 문제가 아니다. 꽤 오래 쉬고 자연히 회복이 되기를 기다려야 한다. 그러므로 가능하면 번아웃에 빠지지 않도록 예방하는 것이 우선이다.

번아웃을 예방하려면 먼저 스트레스를 이해하는 것부터 시작할 필요가 있다. 스트레스는 무조건 나쁜 것이 아니다. 자동차의 엑셀을 밟으면 엔진에 연료가 뿜어지며 출력이 올라가는 것처럼 스트레스 반응은 내게 힘을 준다. 엔진에 약간의 무리를 줌으로써 속도를 더 높여주는 것이다. 엑셀을 끝까지 밟는다고 해서 한없이 속도가 올라가지 않는다. 오히려 반응성이 줄어들고, 엔진 출력이 한계에 이르면 더 이상 반응하지 않는다. 무엇보다 엑셀을 많이, 깊이 밟을수록 연료가 빨리 떨어진다.

우리가 캠핑을 가서 화로에 불을 피운다고 생각해보자. 장작에 불을 붙이기 위해 기름을 부어주면 불씨가 확 살아난다. 이것이 스트레스 반응이다. 그런데 만일 다 태우고 난 자리에 기름을 붓는다면 연기만 풀썩 나고 끝날 것이다. 새로 장작을 넣지 않았으니, 더 태울 연료가 없다. 번아웃 상태는 바로 이렇게 더 이상 쓸 연료가 없이 다 타버린 상태이다.

마음은 '더 열심히 해야 해' '내가 지금 이러면 안 돼' 하는데, 몸이 더는 따라가주지 않는 상태가 되고, 장작이 다 소진되어버렸으니 나를 채찍질한다고 불이 붙지 않는다.

체력이 약하거나 마음이 약해져 있는 사람에게만 번아웃이 오는 것이 아니다. 오히려 성실하고 완벽주의적 성향이 있으며 책임감이 강한 사람이 번아웃에 취약하다고 알려져 있다. 이들은 책임감이 강해서 모든 문제를 자기가 다 해결해야 한다고 생각한다. 과도한 책임감은 스트레스를 증가시키고 결국은 지치게 만든다. 그리고 나보다 남을 우선시해서, 거절을 잘 못하고 주어진 일은 모두 내가 해야 할 일이라고 여긴다. 뺀질거리고 요령 피우기 일쑤인 사람은 지칠 만큼 한 일이 없으니 번아웃도 없다.

번아웃이 오는 사람은 열심히 일하는 사람이기 때문에 어떻게 보면 회사 입장에서도 꼭 필요한 인재다. 그런데 소진된 상태에서 이들이 느끼는 감정을 들여다보면 '인정을 받지 못했다'는 마음이 꼭 있다. 결국 남는 핵심적 감정은 서운함과 섭섭함이다. 그래서 번아웃에 빠진 분들이 한결같이 "일이 많은 것은 참을 수 있어요. 하지만 서운한 마음이 드는 순간부터 견디기 어려워졌어요"라고 말한다. 자신의 노력과 성과가 제대로 인정받지 못했고, 공정하고 공평하게 평가받지 못했을 때의 서운함과 섭섭함은 사람을 확 지치게 해버린다. 그나마 살려놓았던 소중한 불씨가 탁 꺼져버리는 순간이 오는 것이다.

어떻게 보면 일의 양도 문제지만, 사람과 사람 사이의 관계에서 생기는 감정적인 충격이 결국 사람에게 가장 큰 타격을 주는 것 같다. 내가 이 사람에게, 혹은 이 조직에서 그렇게까지 중요하지 않은 존재이고, 합당한 인정이나 충분한 보상을 받지 못하고 있다고 여기는 마음이 마지막 끈을 놓아버리게 하는 것이다.

그렇다면 번아웃을 어떻게 예방할 수 있을까? 당연한 얘기 같지만, 서운함과 섭섭함을 덜 느껴야 한다. 서로 친절하게 대하고, 가볍게라도 칭찬하며, 항상 감사하는 마음을 가져보자고 제안하고 싶다. 나 자신과 나와 함께 일하는 모든 이들의 번아웃을 예방하는 길이다. 모두가 힘든 스트레스 상황에서 사람은 예민해지고 소극적이 되며 나를 지키는 것이 우선이 되는 태도를 갖는다. 성마르고 방어적인 대응을 한다. 하지만 이럴 때일수록 서로 친절하고 함께 일하는 이들을 존중하는 것이 역설적으로 모두의 번아웃을 예방한다. 서로를 비난하거나 억울해하기보다, 먼저 내가 상대의 잘하는 부분을 인정하고 감사해하는 것이 선순환을 일으키며 섭섭함과 서운함이 생기지 않게 해줄 수 있다. 나뿐만 아니라 함께 일하는 이들을 위한 선순환이 결국 나의 번아웃을 예방한다. 그리고 실질적으로는 나와 함께하는 이의 번아웃을 막아서 그 일이 내게 넘어와 나까지 쓰러지는 일을 막는다.

다음으로는 일에 있어서 자율성을 갖는 것이다. 마음대로 일하라는 것이 아니라 자율적인 분위기를 충분히 느낄 수 있다면 확실히 덜 지치고 힘이 덜 든다. 아닌 것은 아니라고 말할 수 있고, 잘 모르는 부분을 무작정 따라하는 것이 아니라 물어볼 수 있는 분위기가 번아웃을 막아준다. 조직 차원에서 직원들이 "아닌데요"라고 말할 수 있는 분위기를 만들고, 여유를 가지고 알아서 하기를 기다려주는 분위기를 만드는 것이 필요하다.

세 번째로 확 지쳤다는 마음이 드는 날을 줄이는 것이다. 번아웃이 오기 전에 보내는 위험신호를 무시하지 말아야 한다. 짜증이 나고, 거슬리는 일이 늘어난다면 오늘은 내가 지쳤다는 신호이다. 여기서 멈추라는 뜻이다. 이 신호를 무시하면 결국 큰 사단이 난다. 이럴 때일수록 일상생활의 리듬을 안정적으로 가져가고 규칙적인 식사와 수면 시간을 확보하고 지켜야 한다. 몸이 지치고 리듬이 깨지고 나면 아무리 마음을 잘 다스리려고 해도 흔들릴 수밖에 없고 쉽게 지쳐버린다. 그런 면에서 번아웃을 그냥 마음의 문제로만 봐서는 안 된다. 신체 컨디션이 건강하게 유지된다면 심리적으로 지쳤다 해도 번아웃이라고 할 만한 상황은 잘 오지 않는다. '몸 튼튼, 마음 튼튼'이지만, 순서는 몸이 먼저다. 규칙적인 운동과 적절한 휴식, 균형 잡힌 식사, 그리고 좋아하는 취미 활동 몇 가지를 하는 것만큼 좋은 번아웃 예방법은 없다. 일하면서 간단한 일조차 지쳐서 하지 못할 상태까지 가도록 스스로를 방치해서는 안 된다. 나는 내가 지켜야 한다.

마지막으로 "한번에 다 해버리고 푹 쉬어야지"라고 마음먹지 말자. 벼락치기로 에너지를 모두 소진하면 다시 충전하는 데 시간이 오래 걸릴 수밖에 없다. 오히려 하루하루 내 에너지가 바닥을 치지 않도록 에너지를 잘 분배하는 것이 좋다. 매일을 이렇게 체크하면서 내 에너지가 제대로 작동하고, 지쳐서 주저앉거나 조금만 삐끗해도 추락할 것 같다는 위험을 느끼지 않은 채 지내고 있다면 최소한 '나는 번아웃이 오지는 않을 것'이라고 안심할 수 있다. 이런 세심한 관리가 번아웃을 예방하고 지치지 않고 일을 해나갈 수 있게 해줄 것이다.

좋은 선택을 하는
가장 합리적인 방법

우리는 하루에도 수많은 결정을 내리며 산다. 일이 많아질수록, 책임이 커질수록 결정 하나하나에도 신중해진다. 꼭 중요한 일만 결정하는 것은 아니다. 아침에 입고 나갈 옷, 점심에 먹을 메뉴, 저녁 운동을 할지 말지까지 실은 엄청나게 많은 결정을 내리고 있다.

그러니 실패에 대한 두려움도 커진다. 치열한 경쟁 속에서 한 번 선택을 잘못하면 나중에 큰 차이를 만들 것 같다. 더 나은 선택을 위해서 정보를 최대한 많이 모으기를 원하는데, 검색은 끝도 없고 나중에는 너무 많은 정보에 질려서 어떤 것도 결정하지 못한다.

"이게 최선일까?"라는 질문에 선뜻 고개를 끄덕일 수 없다. 더 많이 고민하면 무결점의 선택을 할 수 있으리라 기대하며, 결정을 최대한 늦추고 심사숙고한다. 고민하는 동안에는 뭔가를 하는 것 같고, 결정에 대한 책임을 지지 않으며, 결과도 보지 않을 수 있다는 혜택은 덤이다.

그렇지만 이렇게 하면 시작하기도 전에 이미 지친다. 오래 망설이다가 결정을 내렸음에도 결과적으로 썩 좋은 선택이 아니었다면 실패했다는 생각에 주눅이 든다. 그래서 그다음 결정은 더 어려워진다. 짬뽕을 먹을까, 짜장면을 먹을까 같은 쉽고 단순한 것 하나도 결정하기 힘들어지기도 한다.

이럴 때 특히나 일을 시작한 지 얼마 되지 않은 사람은 "내가 잘 몰라서 그런가 보다"라고 여기기 쉽다. 하지만 결정은 언제나 어려운 일이다. 최선의 선택만 바라면 '전문가 레벨'이 된 다음에도 결정하지 못하고 고민하다가 타이밍을 놓치고 나중에 허둥지둥하기 쉽다. 많이 아는 것이 무섭다고, 아는 만큼 나쁜 것도 많이 알고 있으니 실패로 인한 두려움도 커지기 때문이다. 그래서 경험치가 늘어났어도 여전히 최선의 선택은 어렵다.

그래서 처음부터 좋은 선택을 하는 방법을 익히는 것이 중요하다. 특히 지금같이 손바닥 안에서 스마트폰 검색으로 주체할 수 없이 많은 정보를 접할 수 있는 시기에는 더욱 그렇다. 나 역시 언제나 결정의 순간마다 지금의 이 선택이 최선일지 오래 고민을 했다. 하지만 그 결과가 만족스러웠던 적은 별로 없었다. 가능한 모든 변수를 고려한 후 최선의 선택을 했다고 믿었지만, 가장 좋은 결과를 가져왔던 적은 없었던 것 같다. 도리어 기대하지 않았던 일들이 의외로 나중에 보면 꽤 만족스러운 결과였던 경우가 더 많았다.

여러 경험을 통해 내가 깨달은 좋은 결정의 방법은 선택의 목적을 바꾸는 것이다. 어떤 일을 선택할 때 선택지를 단순화하면 '최선, 차선, 차악, 최악'의 네 가지다. 당연히 우리는 최선을 선택하기 위해 치열하게 고민을 한다. 그것이 지금까지의 관성적인 습관이다. 시험을 치면 100점을 받고, 달리기를 하면 1등 하는 법을 찾는 것처럼 말이다.

하지만 출발점에서 하나의 방법을 선택한다고 해도, 그 길을 가는 과정에 무수히 많은 우연과 의외의 변수가 생긴다. 시작할 때는 전혀 알 수 없고 통제할 수도 없다. 목적지에 도착해서 보면 처음 기대했던 것과는 완전히 다른 궤적을 그렸기 일쑤이다. 출발점에서 최선의 선택이라 생각하고 갔지만 중간에 돌발 변수가 튀어나왔는데도 처음의 방법만 고집하다가는 완주하지 못하거나 실패하기 쉽다. 출발점에서 기대했던 결과와 목적지에서의 결과가 100퍼센트 같은 모습이 될 확률은 상대적으로 낮을 수밖에 없다.

그렇다면 가장 합리적인 방법은 '최선'을 찾아야 한다는 목적을 바꾸는 것이다. 오히려 '최악'을 찾아내어 제거하는 방식으로 접근해보자. 미지의 결과물인 최선을 찾는 것보다, 가능한 최악의 상황이 생길 만한 변수를 골라내는 일은 상대적으로 쉽다. 또

한 대비책을 세울 수 있다는 면에서 중요한 일이기도 하다. 무엇보다 최악을 선택하면 중간에 멈춰야 하거나, 끝까지 가야 할 필요도 없어질 수 있다. 그러니 최악을 찾아내려는 노력은 꼭 해야 한다.

최선의 한 가지만 선택하려고 애쓰는 것보다 최악이 아닌 것을 확인하는 것은 에너지가 덜 들고, 시간도 덜 쓸 뿐 아니라, 적어도 가장 나쁜 선택이 아니라는 점에서 훨씬 분명해 보인다. 무엇보다도 최악이 아니라는 것을 확인하면 일단 안심이 된다. 예를 들어 건강검진에서 암이 의심되는 혹이 발견되었는데, 재검진을 통해 그것이 악성종양은 아니라는 사실을 확인하는 것만으로도 마음이 놓이게 되는 것처럼 말이다. 일단 최악만 아니라면, 차선 아니면 차악이다. 선택지가 많아지면 무엇이든 손에 쥘 수 있다. 그리고 목표 지점까지 갈 확률이 올라가고, 비록 이상적인 100점짜리 결과는 아니라 해도 분명히 남는 것이 있다. 그렇기에 목적지에서 나중에 "아, 이게 최선이었네"라고 할 수 있다.

이제 필요한 것은 시간이다. 오래 하기 위해서는 내가 좋아하는 것, 마음이 끌리는 것을 골라야 한다. 애착을 가질 수 있는 것에 마음이 더 가고, 포기하고 싶은 순간이 오더라도 그만두지 않고 더 오래 해낼 수 있다. 오래 하다 보면 남들 눈에는 안 보이던 길이 보이는 시점을 만나기도 한다. 한참 하다가 돌아보자. 어느

새 처음에 시작할 때는 몰랐던 마음이 든다. "그때 그게 최선이었구나"라고 볼 가능성이 커진 것을 발견할 것이다. 그리고 남들도 "넌 다 계획이 있었구나"라고 인정할 것이다. 나는 이것이 적은 에너지를 투자해서 더 쉽게 선택하는 방법이라고 생각한다. 최선을 고르려 하다가 진을 빼지 않고, 최악이 아닌 것 중에서 좋아하는 것을 찾는 것이다. 그것이야말로 실제로 최선을 만날 가능성을 높이는 현실적인 방법이다. 선택의 고민은 그 정도로 충분하다. 이제 실천을 할 단계다.

마음에 코팅을 입혀야 하는 이유

영철 씨는 지난 한 달 사이 이상한 경험을 하고 있다. 입사 5년 차로 업무는 익숙해졌고, 업무량은 많아졌지만 요령껏 쉬어가면서 템포를 조절할 수 있는 경지가 되었다. 그런데 몸이 흐물흐물하다는 느낌이 들기 시작했다. 몸에 힘이 들어가지 않고 무너져내리는 느낌이었다. 몸살 기운인가 싶어 감기약을 먹고 주말 내내 쉬었지만 달라지지 않았다. 운동을 게을리한 탓인가 해서 다시 피트니스를 등록해 근력운동을 하고 러닝을 시작했지만 컨디션이 올라오지 않았다.

마음도 썩 단단하다고 여겨지지 않았다. 작은 지적에도 힘이 쭉 빠지는 것이다. 전에는 그냥 넘어가던 일에도 타격감이 강하게 느껴졌다.

"영철 씨, 메일 참조를 제대로 붙여야 서로 공유하죠."

핵심적인 일도 아니고 큰 실수도 아니다. 살짝 주의를 주거나 일의 진행 방향을 공유하는 것일 뿐인데, 선배의 한마디에 하루 종일 기분이 가라앉고 힘이 빠진다. 그리고 잘 잊히지도 않는다.

전체적으로 돌아보면, 특별한 문제가 없다. 원인이 될 만한 일도 보이지 않는다. 일이 너무 많지도 않고, 금전적으로 쪼들릴 일이 있는 것도 아니다. 그렇다고 인간관계에서 신경 쓰이는 큰 갈등이 있는 것도 아니다. 그런데 이상하게 피곤하다.

코팅이 되지 않은 종이컵에 물을 오래 담아두면 어떻게 될까? 당연히 시간이 흐르면서 종이가 젖고, 흐물흐물해져서 컵이 무너져내리거나 조금씩 물이 새고 뭉그러진다. 영철 씨는 지금 이런 상태이다. 내 마음이 잘 코팅이 되어서 방수가 되면 좋으련만, 아쉽게 물에 젖어 단단하게 서 있지 못하고 무너질 듯 아슬아슬하다. 새 컵으로 물을 옮겨 담을 수도 없다. 나는 한 명이니까. 이럴 때 어떻게 하면 좋을까?

만일 물을 너무 많이 따라서 넘치는 상태라면 수도꼭지를 과감히 잠그면 된다. 안 해도 되는 걸 하지 않거나, 과감히 일을 줄이는 것이다. 또 넘칠 것 같으면 과감히 구멍을 뚫어서 내보낼 수도 있다. 즉, 스트레스 줄이는 나만의 방법을 적극적으로 이용하는 것이다. 잠을 더 자거나, 술 한 잔을 하고, 게임을 하거나, 여행으로 재충전을 하듯이 말이다.

그런데 이 경우는 조금 다르다. 스트레스가 많거나 적거나, 무방비한 상태로 스트레스 상황에 지속적으로 노출되어 있다. 그래서 종이컵이 다 젖어서 찢어지게 생긴 것이다. 나라는 존재가 무너지기 일보직전 상태이다. 이럴 때는 스트레스를 없애거나 다른 방식으로 해소하는 일반적인 방법이 모두 도움이 되지 않는다.

물론 제일 좋은 방법은 컵에 담긴 물을 버리는 것이다. 그러나 불가능하다. 사람이 아무 일도 하지 않을 수 없고, 다른 사람과 교류하지 않을 수도 없다. 그렇다면 다른 방법을 생각해봐야 한다. 나는 마음에 코팅을 하는 방법을 제안하고 싶다. 컵이 흐물흐물해지지 않게 컵 안쪽에 코팅을 하는 것이다. 마음 안쪽에 방수처리를 해서 물이라는 스트레스가 내 마음 깊은 속까지 젖지 않게 한다.

첫 번째 코팅 방법은 뻔뻔해지는 것이다. 얼굴에 철판을 깔고, 이기적인 태도를 가져보자. 여기서 '이기적'이라는 것은 자기 욕심만 채운다는 의미가 아니다. 영철 씨처럼 어느 순간 흐물흐물해지는 사람의 특징 중 하나는 착하다는 점이다. 상대방이 나를 어떻게 보는지, 평판과 인정에 민감하다. 미리 반응하고, 주변의 상황이나 표정 변화에 예민하게 반응한다. 이런 것들 하나하나가 컵의 내벽에 스며드는 물이 된다. 주변 일에 신경을 끄고 무심해져보자. 모른 척하고, 나와 상관없다고 여긴다. 그런다고 해서 무례한 것도 아니고 상대방을 무시하는 것도 아니다. 어떤 사람은 너무 무심하고 신경을 쓰지 않아서 모두가 해야 할 일에 나서거나 반응하지 않아서 문제가 된다. 그렇지만 영철 씨 같은 사람은 거꾸로 뻔뻔해지고 무심해지려고 노력해야 한다. 주변 분위기에 영향을 덜 받는 것이다. 이것이 첫번째 코팅이다. "그래서 어쩌라고" 하는 마음이면, 갑자기 스트레스가 훅 들어와도 쓱 비껴 나가게 도와줄 것이다.

두 번째 코팅은 "이 정도면 선방했어"라는 마음이다. 100점 만점은 어쩌다 한 번이지, 매번 획득할 수 없다. 하지만 100점만 바라보고 있다 보니, 95점을 받아도 아쉬운 마음이 더 강하게 든다. 만족감보다 후회가 더 많고, 그래서 내가 잘 해내고 있다는 확신이 없다. 자기확신감이 모자라니, 스트레스 상황이 닥치거나 컨디션이 좋지 않을 때에 더욱 중심을 잡지 못하고 흔들리게 되는 것이다. 예능에 나온 방송인들이 재미있는 에피소드를 하나 던져서 빵 터뜨리거나 애드리브를 성공시키고 나면, "오늘 방송 분량은 뽑아서 마음이 편해요"라고 한다. 전국적인 유행어가 나와서 인생이 바뀔 것은 아니지만 프로 방송인인 자신에게 요구되는 기본은 했다는 안도의 마음을 표현한 것이다. 프로로서 출연료에 기대되는 것만큼은 했다는 자기평가이고, 동시에 제작진이 그를 다시 캐스팅할 가능성이 올라간 것이다. 병풍처럼 있다가 가서 다시는 안 부르게 생겼거나, 통편집될 일은 없는 것, 그 정도로도 충분할 때가 더 많다. 나는 그것을 '선방'이라고 말한다. 완벽주의를 버리고 선방에 만족하는 것이 두 번째 코팅이다.

무엇이든 삼중 코팅이 든든하듯, 세 번째 코팅막까지 바르면 내 마음을 더 단단히 지킬 수 있다. 자신과 잘 맞지 않는 사람과 거리를 두는 것을 권한다. 모두와 가깝고 친밀하게 지내는 것도 좋은 일이다. 그러나 모든 약은 독이 될 수 있고 적정한 양을 딱 알맞게 써야 하듯이, 사람도 적당한 거리에서는 약이지만 너무 가까우면 독이 될 수 있다. 어떤 사람은 태양처럼 강한 힘을 가지고 있어서, 그런 사람을 너무 가까이하면 작은 행성들이 태양의 중력에 빨려 들어가거나 타버리는 것처럼 힘들어질 수 있다. 주변에 반드시 이런 사람들이 몇 명은 있다는 점을 잊지 말아야 한다. 특히 내가 피곤하고 힘들 때 10분 이상 이야기하면 더 지치게 하는 사람이 누구인지 한번 머리에 떠올려보자. 그리고 그들 중 일부만이라도 거리를 두는 편이 좋다. 그 사람이 나쁜 사람이거나 내게 해가 되는 사람이라서 그런 것이 아니다. 나와 맞지 않는 스타일의 사람이기 때문에, 갈등 상황이 아니더라도 관계를 유지하는 데 품이 적잖이 든다. 그래서 유지하는 것만으로 쉽게 지친다. 내 컨디션이 좋을 때에는 문제가 되지 않는다. 그렇지만 흐물흐물해질 위기 상황에는 품이 많이 드는 두세 명과 거리를 두는 것만으로도 숨통이 트인다.

이렇게 세 가지 방식으로 내 마음에 삼중 코팅을 입혀보자. 별일도 아닌 일들이 나를 지치게 하거나 무너뜨리는 일을 예방할 수 있다. '나'라는 컵에 물이 계속 들어차 있어도 어느 순간 갑자기 무너지는 일은 벌어지지 않을 것이다. 그것이 스스로를 지키는 길이다.

무기력해지는 또 다른 이유,
보어아웃

　일이 어느 정도 손에 익었다. 꽤 많은 일이 쏟아져 들어와도 아슬아슬하다는 느낌이 들지 않게 처리할 수 있게 되었다. 힘을 뺄 때와 바짝 정신 차려야 할 때를 구별할 수 있어서 다른 사람에 비해 같은 양의 일을 해도 덜 지치는 것 같다. 1년 계획표가 한눈에 들어온다. 일은 농사 짓듯이 때마다 하는 일이 있다고 알려주던 고참 선배의 말에 딱히 공감이 가지 않았는데, 1년을 몇 번 거치고 나니 이제 고개가 절로 끄덕여진다. 새로 들어온 후배에게 같은 말을 하고 있는 나를 발견한다.

　지금은 어느 정도 숙련된 일꾼이 된 상태다. 그런데 신기하게 이 레벨에 올라가면 경험하는 것이 다 뻔해 보이기 시작한다. 처음에는 내게 떨어지는 일들이 무서웠고, 잘 처리할 수 있을지 겁이 났다. 시간이 지나고 몇 번 반복하고 나서는, 작은 실수들이 있을 때도 있지만 이제는 익숙해졌다. 반복해서 일어나는 일이 무엇인지 알게 되었고, 갑자기 들어온 일에 크게 당황하지 않고 할 수 있게 되었다. 1년에 한두 번 정도는 처음 해보는 일도 있었지만, 예전과 달리 선배나 팀장의 도움 없이 혼자서도 진행할 수 있다. 그러니 사업이란 것이 농사 짓듯이 1년 단위로 돌아간다는 말이 실감이 났던 것이다.

그런데 그 상태가 되면 새로움이 주는 자극이 없다. 경계와 긴장을 할 일도 없어진다. 물론 아무 일도 일어나지 않아서 평온하고 좋지만, 자극이 있어야 긴장도 하고 배울 것도 있는 법인데 이제는 전혀 다른 방향의 감정을 느낀다. 바로 권태, 혹은 보어아웃(bore out)이다.

당연히 있을 수 있는 감정이고, 일정한 수준을 넘어섰다는 증거로 볼 수도 있다. 그렇지만 보어아웃은 세심하게 살펴볼 필요가 있다. 일 자체가 재미없어지고, 최소한의 동기부여를 하기 힘들고, 대충대충 하는 사람이 될 수 있기 때문이다.

가장 많은 시간을 보내고 많은 에너지를 쏟는 일이 뻔해 보인다는 것은 그 일에서 최소한의 재미와 흥미를 얻지 못한다는 뜻이다. 그러면 기계적으로 반복하기만 할 뿐, 일하는 시간이 갈수록 지루하고 길게만 인식될 위험이 있다.

'권태롭다'는 영어로 '보링(boring)'이라고 하는데, 보어아웃은 이 단어에서 나온 말이다. 지루함과 번아웃을 합친 말로 조직심리학 분야에서 관심을 갖고 지켜보고 있다. 어원에서 알 수 있듯이 지루함으로 인해 무력감을 느끼는 것이라 할 수 있다. 단조로운 환경에서 열정을 잃고 일하거나 오랫동안 아무런 도전 의식도 없이 일하는 것으로 직장에서 만성적인 무력감을 느끼는 원인 중 하나이다. 일이 많아서 번아웃이 오기도 하지만, 지루함으로도 번아웃이 온다는 것이다.

이 부분에 대해 연구를 해온 프랑스 EM리옹 경영대학원 조직행동학과의 로타 하르주 교수는 "자신이 하고 있는 일이 아무런 목적도 없고 의미가 없다는 경험을 하게 될 때, 그것이 보어아웃을 일으킬 수 있다"라고 한다. 하르주 교수의 관찰에 따르면, 보어아웃에 빠지면 직장에서 온라인 쇼핑이나 온라인 도박, 동료와의 채팅, 업무 외의 다른 일에 대한 계획 등으로 시간을 보내게 된다. 이는 그 사람이 원래 게으르고 나태한 사람이라서 그런 것이 아니라 보어아웃에 빠지고 나서 다른 자극과 재미를 찾기 위한 일종의 적응이거나 대응인 것이다.

그런 면에서 보어아웃은 번아웃과 비슷해 보이지만 다르다. 기운이 안 나고 생기가 없으며 무기력감을 느낀다는 점은 번아웃과 비슷하지만, 모든 일에 냉소적이 되거나 주어진 일과 상황을 회피하려는 태도를 갖게 되는 등 번아웃에서 흔히 나타나는 반응은 나타나지 않는다. 또한 슬프고 비관적인 정서가 두드러지며 자책을 주로 하는 우울함과도 다르다. 그보다 보어아웃에서 무기력감과 함께 두드러지게 나타나는 것은 일을 하는 의미를 찾지 못하면서 일 자체에서 위기를 느끼는 것, 그리고 성장이 정체되어 있거나 혹은 퇴보하고 있다고 여기는 것이다.

사람들은 생각보다 금전적 보상만을 위해서 일을 하지 않는다. 내가 하는 일을 통해 성장하고 싶어 한다. 그런데 더 이상 배울 게 없다고 여길 때, 바로 무료함을 느끼고 권태로워진다. 언제나 모자란다고 여기고 자신이 하는 일에 자신감을 갖지 못하는 것도 좋은 태도는 아니다. 그렇지만 더 이상 성장이 없는 영역에 다다랐다고 느끼는 순간에, 만족보다 권태를 느낀다. 그것이 사람의 심리다. 그래서 더 어렵다. 일에는 의미가 필요하다. 내가 왜이 일을 하는지, 어떤 보람을 느끼는지, 또 일을 통해 내가 살아 있음을 경험할 수 있는지, 즐거움의 원천이 될 수 있는지가 일을 지속하는 데 있어서 중요하다. 그리고 어려움이나 도전에 맞서서 해결해냄으로써 나의 존재감과 자아의 힘을 확인하는 기회가 될수 있을 때 힘을 얻는다.

하르주 교수는 2014년에 핀란드 회사 87곳의 노동자 1만 1천여 명을 대상으로 연구를 진행했다. 이 연구를 통해 교수는 만성적인 무력감이 "직원들의 이직과 조기퇴직 의향은 물론, 건강을 악화시키고 스트레스 반응을 증가시켰다"라고 말했다. 누군가 탈진해서 쓰러지지도 않고, 산업재해에 해당하는 사고가 일어나거나 분노 조절을 못해서 조직 내에 큰 문제를 일으키는 직원도 없었다. 그냥 조용히 생산성이 떨어졌다. 조직이나 개인 모두 문제가 드러나지 않았지만, 문제는 오랫동안 이어졌다.

이런 상황에서 벗어나는 방법에는 두 가지가 있다. 하나는 내가 하는 일에서 의미를 찾아보려고 하는 것이다. 내가 하는 일이 사회에 어떤 도움이 되고, 내게 어떤 의미가 있는지 생각해보는 것이다. 뻔해 보이고 그렇게 멋들어진 의미는 없다고 생각할 수도 있지만, 이 세상에 의미가 없는 일은 없다.

다음은 새로운 도전을 해보는 것이다. 자신의 일 안에서 작은 도전을 해보는 것도 좋고, 일 외의 시간에 새로운 취미를 만들어보는 것도 좋다. 업무를 하는 방법을 바꿔보는 것도, 일이 지루해지면 일을 하는 순서나 패턴을 달리 해보는 것도 해볼 만한 일이다.

승진, 급여 인상, 포상과 같은 것은 매일 생기는 일이 아니다. 매일의 권태로움은 이런 기대치 않은, 혹은 1년에 한 번 오는 정도의 기쁨으로는 줄어들지 않는다. 그보다 매일 하루를 보내는 과정 중에 겪는 작은 즐거움을 만들려고 노력해야 한다. 작은 성취를 느낄 수 있도록 일을 작게 쪼개고, 한 발자국 떨어져 낯설게 해보거나, 새로운 관점으로 일을 보려는 노력을 한다. 항상 하던 대로 해오던 업무의 방식을 바꾸거나, 파일 양식을 새로 만들어볼 수도 있고, 프리젠테이션 양식이나 보고서 형식을 바꿀 수도, 후배를 가르치거나, 공부 모임을 만들어볼 수 있다.

익숙한 것들을 낯설게 만드는 것, 잘 정돈되어 있던 것을 흩뜨려보는 것이 이럴 때 도움이 된다. 숙련도나 효율성은 떨어지게 될지 모르지만 권태를 느끼는 것만은 확실히 줄여주며 보어아웃에서 탈출하는 데 도움이 된다.

현실적으로 일과 삶이 재미있는 일의 연속일 수는 없다. 다양한 과업을 설계하고 우선순위를 정할 때 과업 간 즐거움의 차이를 고려하는 것도 필요하다. 내재 동기가 충만한, 아주 흥미 있는 일을 하고 나서 덜 재미있는 일을 하게 된다면 그것이 훨씬 더 지루하게 느껴지고 그 일에 대한 수행이 떨어질 수 있다. 재미있는 일을 하고 나면 그다음 일의 보상이 확연히 떨어져 권태로움을 느끼는 경향이 있다. 흥미의 수준을 서서히 떨어뜨리도록 과업이나 일의 순서를 배치하는 것이 직장에서의 효과성을 유지시키고 권태를 덜 느끼는 한 가지 방법이 된다.

권태의 늪에 자꾸 빠지고 싶지 않다면 이런 식으로 업무 순서 바꾸기, 작은 흥밋거리 만들기, 기왕이면 흥미를 주는 일을 찾아서 먼저 하기와 같은 잔기술을 익히고 실천하는 것이 필요하다.

다음으로 권하고 싶은 방법은 깊이(depth)를 추구해보는 것이다. 내가 하는 일에서 숙련도가 어느 이상이 되고 나면 그다음 단계의 깊이는 필요 없다고 여기기 쉽다. 내가 받을 수 있는 보상 점수가 70점이라면 70점 정도의 레벨에 맞춰서 일을 제공하는 것이 가장 적당하다고 생각하고, 많이 봐줘서 75점 정도면 괜찮다고 여기기 쉽다. 그렇지만 그렇게 75점에 맞춰서 지내다 보면 매너리즘과 권태에 빠진다. 물론 내 수준에 따라서 1점을 더 올리는 것이 어려운 일일 수도 있다. 그렇지만 여기서부터는 레벨업이 목표가 아니라 '나를 위한 노력'이 된다. 다른 사람의 칭찬, 인정, 보상보다 내 만족이 중요해진다. 그저 내가 좋아서 깊이 파고드는 것이다.

세계적인 바이올리니스트 아이작 스턴에게 누군가 물었다. 아주 어릴 때부터 같은 곡들을 수천 번 반복해서 연습하고 또 공연해왔는데 지겹지 않느냐는 질문이었다. 이 질문에 아이작 스턴은 연습을 하고 또 할수록 "이거야!" 하는 인사이트를 얻는 순간이 있다고 대답했다. 막혔던 대목이라 여겨지는 부분이 뚫리거나, 뻔하게 지나가던 부분이 새로움으로 느껴지는 순간을 만나게 되고, 그것이 같은 작곡가의 곡을 평생을 연주해도 질리지 않는 비결이라고 했다. 이를 그의 이름을 따서 아이작 스턴 법칙이라고 하는데, 권태를 극복하는 또 다른 방법은 이렇게 반복 속에서 깊이를 추구하면서 다음 단계로 넘어가는 것이다.

그리고 그 단계까지 경험하고 난 다음에는 어느새 다음 단계로 넘어간다. 보어아웃에 시달리며 그저 월급만 받으려고 일하는 사람이 아니라, 내가 맡은 일을 책임지고, 그 안에서 의미를 찾으며, 또 매일 하는 일에서 작은 즐거움과 기쁨을 발견하면서 하루를 보내고, 내 일에서 충만한 만족을 얻는 사람이 되는 것이다.

나만이 피해자라는 오해

예상하지 못한 일이 벌어지고 나면 그 일에 대해서 생각이 떠나지 않는다. 왜 이런 일이 생긴 것이지, 누가 제일 잘못한 것이지? 원인은 무엇이고, 도대체 이 일의 의미는 뭐지?

운전을 하다가 갑자기 튀어나온 오토바이에 부딪히는 사고가 났다. 오토바이 운전자의 과실이었다. 그런데도 내가 왜 골목과 가까운 차선으로 운전했는지부터 시작해서 택시를 타고 이동할걸 그랬다는 데까지 생각이 이어진다.

원인과 결과가 분명한 경우에는 이유를 찾으면 대책을 세울 수 있다. 예를 들어 추운 날 반팔 차림으로 나갔다가 감기에 걸렸다면, 옷을 제대로 챙겨 입지 않은 것이 원인이다. 비가 올 줄 모르고 창문을 열어둔 채로 외출했다가 비가 집 안으로 들이쳐서 마루가 젖었다면, 창문을 제대로 닫지 않은 것이 원인일 것이다. 이 경우에는 비교적 원인과 결과가 나름 확실하고 앞으로 해야 할 일도 분명하다. 옷을 날씨에 맞게 잘 챙겨 입고, 나가기 전에 창문이 닫혔는지 확인하는 것으로 문제가 해결된다.

하지만 세상일이 모두 다 이렇게 인과관계가 명확하면 좋으련만, 세상은 이렇게 단순하지 않다. 원인을 잘 파악할 수 없이 복잡하고 어렵거나, 예기치 못한 일이 닥칠 수 있다. 그러면 그다음 단계가 기다리고 있다. 이 일이 내게 어떤 의미가 있을 것이라고 여기고 그 의미를 찾는 것이다. 천재지변, 가족의 죽음 등 황망한 재난이 일어난 경우가 그렇다. 안타깝게도 원인을 찾아내기가 어려우니 사건의 의미라도 찾으려고 하는 것이다. '하늘의 뜻이다. 신이 내게 시험을 주신 것이다'라는 종교적 해석부터, '그런 일이 일어나도록 정해져 있었다'라는 운명론, '내가 한 평소의 악행에 대한 벌이다'라는 죄책적 사고까지 다양한 종류의 의미론이 머릿속에 떠오른다.

여러 연구를 보면 꼭 유신론자만 이런 사고를 하는 것은 아니다. 인간이 사건을 해석하는 보편적 방법 중 하나이다. 의미를 찾는 행위는 어른들만 하는 것이 아니라 꽤 어린 나이부터 시작된다는 연구가 있다. 특히 좋은 일보다는 나쁜 일, 안 좋은 일이나 고난에 대해서 의미를 더 부여한다. 바로 인간이 세상이 돌아가는 현상과 내게 일어난 사건을 이해하는 방법의 하나다. 왜 이런 일이 일어났는지 이성적 인관관계를 찾지 못한다면 우리는 그게 나름 내게 의미가 있고, 메시지가 있기를 바란다. 그렇게라도 해야 받아들일 수 있다.

하지만 이때 조심해야 할 것이 있다. 자신을 피해자나 순교자로 포지셔닝하지 않는 것이다. 또한 신의 뜻이라고만 여기고 마냥 바라보지 않아야 한다. 두 가지 모두 문제가 있다.

자신을 피해자라 여기면, 이 상황은 내가 아닌 타인이나 상황에 의해 일어난 일이라 여긴다. 나는 보상을 받거나 사과를 받아야 할 뿐이다. 내게 면죄부를 주고 시작하는 상황 파악이다. 동정을 얻을 수 있지만 문제점 분석과 반성을 통한 변화는 기대하기 어렵다. 한편 모든 것을 참고 안고 나아가는 순교자로 포지셔닝하면, 벌어진 일은 언제든지 반복될 수 있다. 부당한 것, 불합리한 것을 그저 받아들이고 그것을 인내하는 것이 일상화될 위험이 있다. 이 모든 것을 신의 뜻이라고 받아들이면 잠시 마음은 평온해진다. 그러나 세상과 내 주변은 변하지 않는다. 그리고 같은 일이 반복될 뿐이다. 실제로 조직 안에서 수동적으로 부당한 지시를 따르고 있거나 조직적이고 은근한 따돌림을 당하는 경우, 이 상황에 순교자적 의미를 부여하고 참고 견디기만 한다면 불합리한 관행은 바뀌지 않는다. 여러 번 같은 상황이 반복된다면 거기에 순응하고 익숙해지기 전에 혹시 내가 억지로 의미를 찾아내고 견디고 있는지 생각해봐야 한다.

다음으로 받아들여야 할 것은 큰 의미를 부여할 필요가 없는 우연한 일들도 많이 벌어진다는 것이다. 인간의 뇌는 맥락에 반응한다. 비슷한 패턴이 반복되면 그 일이 또다시 일어날 것이라 여긴다. 무의미한 점들이 툭툭 던져진 것인데 내 눈은 그 점을 선으로 잇고, 자연히 그다음 좌표가 어디에 갈 것인지 예측한다. 그것이 우리 뇌의 작동 방식이다. 과거를 기억하는 이유도 미래를 잘 예측하기 위해서이다. 그러면서 조금 더 잘 이해하고 맥락을 파악하는 방식이 의미를 생각하고 해석하는 것이다.

그런데 현실에서는 수많은 일들이 아무 의미 없이, 우연히 일어난다. 우연이 반복되면 필연이고, 운명이라고 생각하지만 실은 우연이 여러 번 반복되는 경우가 허다하다. 그것을 운명으로 받아들이고 낙담할 필요 없다. 확률적으로 동전 던지기는 매번 50퍼센트의 확률로 앞뒤가 나뉜진다. 우연히 앞면이 세 번 나왔다고 다음 두 번은 뒷면이 나올 확률이 급격히 올라가지 않는다. 똑같이 50퍼센트의 확률이다. 그걸 우리의 뇌는 매번 잊고 앞에서 던진 동전의 앞면과 뒷면의 결과가 다음 동전 던지기의 결과와 연관되어 있다고 믿고 싶어 한다. 그러면서 "난 아주 운이 좋은 사람이야"라고 여기거나, "난 망할 거야, 아무도 날 도와주지 않아"라고 쓸데없는 의미를 부여한다.

무척이나 힘든 일을 하면서 "이건 모두를 위해 좋은 일이야"라는 식으로 의미를 부여하는 것은 봉사활동을 할 때나 공동체를 위한 어려운 일을 할 때는 도움이 된다. 그렇지만 내게 예측하지 못한 일이 생겼을 때 굳이 그것을 "하느님의 시험이야" "카르마,

업보를 치르는 중이야"라고 해석하게 되면 인지적으로 안정은 되나 현실적인 삶을 사는 데 큰 도움은 되지 않는다. 반복되는 맥락의 일들을 또다시 무방비하게 해석하고 의미를 부여하는 습관이 들어버릴 가능성만 커진다.

내게 일어난 이해하기 힘든 일, 원인을 찾기 어려운 사건을 의미 있는 고난과 역경으로 이해하는 것은 개인의 자유다. 그러나 거의 대부분 독립적이며 무작위로 일어난 일이다. 여러 번 반복되는 부분만 찾아서 일부러 숨어 있는 맥락을 파악하고 스토리텔링을 만드는 데 에너지를 쓰지 말자. 스스로를 옴싹달싹 할 수 없는 곳으로 몰아넣고 그 안에서 하는 모든 선택들이 자신을 반복되는 피해자나 순교자로 만들 위험이 있다. 우연히 일어났고, 원인도 알 수 없으며, 특별한 의미도 없는 일이 세상에는 참 많다. 한두 번 더 비슷한 일이 발생한다고 해서 맥락을 찾고 디테일의 반복에서 패턴을 찾아 의미를 부여하면서 다음에 일어날 일을 예측하려고 하지 않는 것이 정신건강을 위해서는 더 나은 방법이다. 'It is what it is'라는 영어 표현이 있다. '어쩔 수 없다, 그냥 받아들여라'라는 뜻인데 실은 이 말 한마디로 충분한 경우도 많은 것 같다.

원인을 찾거나 의미를 부여하는 데 에너지와 시간을 많이 쓰지 말자. 원인을 찾기 어렵다면 "그런가 보다" 하면서 포기하고,

그냥 지내도 된다. 그것을 견디는 것도 능력이라면 능력이다. 모호한 상황을 안고 견딜 수 있는 것이 자아의 튼튼함을 측정하는 요소 중 하나이기 때문이다. 어느 정도는 원인을 찾아보다가, 보이지 않으면 거기서 멈추면 된다. 더는 돌아볼 필요 없다. 앞으로 나아가자.

4장

일하기는 싫지만,
이왕이면
잘하고 싶은 마음

많이 할수록 퀄리티는 높아진다

양과 질, 둘 중에서 무엇을 선택할 것인지는 언제나 고민이 된다. 특히 일을 배울 때 더욱 그렇다. 시간이 오래 걸리더라도 완성도 있는 성과물을 내는 태도가 좋을지, 서투르더라도 일단 완성해서 피드백을 받으며 여러 번 만드는 것이 좋을지 말이다.

물건을 살 때도 가성비를 따져서 이왕이면 같은 값에 양을 많이 주는 것을 선택할지, 아니면 꽤 비싸게 주고 사더라도 오래 간직할 만한 좋은 것을 살지는 중요한 고민의 영역이다. 그리고 어느 쪽을 고를지는 개인의 취향을 드러내는 문제이기도 하다.

평소 쇼핑을 하거나 음식을 먹을 때에는 어느 쪽이건 개인의 취향과 경제적 형편이라는 현실이 개입하고, 결국 개인의 선택이니 정답이 있다고 할 수 없다. 그런데 일을 배우고 숙련도를 높여

나가는 과정에서는 나름 정답이 있다. 그렇기에 사적 취향으로 평소대로 일을 대하면 문제가 생길 수도 있다.

다음의 이야기를 생각해보자. 테드 올랜드와 데이비드 베일즈가 쓴 《예술가여, 무엇이 두려운가!》에 소개된 일화다. 도자기 공예 선생님이 학생들에게 학기 과제를 내면서 반 학생을 두 그룹으로 나누고 평가 기준을 발표했다. 첫 번째 그룹에게는 "50개를 만들면 A, 40개를 만들면 B"라고 했고, 두 번째 그룹에게는 "몇 개를 만들든 가장 잘 만든 한 점으로 평가할 것"이라고 공지했다. 한 학기 동안 완성한 학생들의 작품을 검토한 선생은 한 가지 특징을 발견했다. 학생들이 제출한 작품들 중에서 기술, 섬세함, 완성도 측면에서 모두 만족스러운 최고의 작품은 첫 번째 그룹에서 나온 것이다. 일단 제출한 도자기 개수로 성적이 나가는 '양' 중심 그룹 학생들은 더 많이 만들기 위해 부단히 노력했고, 도자기를 만들고 실패하는 과정을 거치면서 자연스럽게 실력이 향상된 것이었다. 자연스러운 실수를 통해 학생들도 모르는 사이에 완성도가 좋아졌다. 반면 완성도에 승부를 건 B그룹 학생들은 정작 한 학기 동안 완성한 작품이 몇 점 없었다. 그러다 보니 실력도 많이 늘지 않았다. 고민만 많이 하고 계획을 세우거나 스케치만 했을 뿐 실제로 도자기를 완성하는 경험을 많이 해보지 못했다. 그러니 전체적으로 완성도가 높은 도자기를 제출한 사람이 적을 수밖에 없었다.

이 이야기로 알 수 있는 것은, 일을 배우는 과정이라면 양이 질보다 중요하다는 것이다. 일단 많이 해보고, 많이 깨트리고, 틀리고, 실수를 해봐야 어느 수준 이상으로 올라갈 수 있다. 전문가 레벨이 된 다음에는 당연히 '질'에 대한 고민을 해야 한다. 뼈대를 만드는 능력은 이제 충분하니, 고치거나 변화를 줄 곳, 남과 다르게 할 부분을 고민하고 거기에 집중한다. 그렇지만 초보자들은 일단 뼈대를 만들어서 윤곽을 잡고, 당장 작동할 수 있는 무언가를 만들어내는 수준이 되는 것이 우선이다. 잘하건 못하건 일단 끝까지 완성, 혹은 완결을 해보는 경험이 필수적이다.

그런데 대부분의 초보자는 자신이 준비가 덜 되었다고 여기고 실패를 두려워한다. 한 번의 실패에 기가 죽고 다시 시작하기 전에 머뭇거린다. 그러다가 더 긴장해서 실수하고 남과 비교하여 망치기 쉽다. 이럴 때 선배나 선생님의 역할이 중요하다.

"먼저 계획을 잘 세우고, 얼마나 잘 만들지 그려보면서 실수하지 않게 해봐."

"일단 많이 해봐. 실패하고 실수해도 돼. 그리고 난 다음에 바로 다시 또 하면 돼."

둘 다 좋은 조언이다. 그러나 반년의 시간이 흐르고 난 다음에 돌아보면 전자보다 후자의 조언이 더 좋은 효과를 가져올 것이다. 많이 해보는 것이 무엇보다 중요하다. 그리고 실수와 실패, 그에 따르는 좌절감과 부끄러움까지도 견뎌내야 한다. 선배나 상급자는 물론이고 이 일을 처음 하는 사람들은 실수와 실패를 당연하게 받아들이면서 먼저 많이 해보자는 단단한 마음가짐을 가져야 한다.

처음부터 잘하는 사람은 없다. 초보자가 '질'부터 따지는 것은 만용이다. 혹시 내가 어떤 일을 처음 시작하는 사람이라면 일단 많이 해보자. 그리고 그런 사람을 가르치거나 함께 일을 해야 하는 사람이라면 100점을 기준으로 점수를 깎는 방식의 평가를 하지 말고, 일단 많이 해볼 수 있도록 격려하고 시도에 대한 두려움을 줄이는 것을 목표로 해야 한다. 누구에게나 처음은 있다. 시간이 지나면 자연스럽게 익숙해질 것이고, 완성도가 아니라 능숙하게 기본을 해내는 것이 몸에 익도록 유도하는 것을 우선으로 하자.

많은 이들이 초심자라는 것이 드러날까 봐, 실력이 드러나서 웃음거리가 될까 봐, 스스로에게 실망할까 봐 머뭇거린다. 그러면서 머릿속으로는 엄청 잘해서 사람들이 "와" 하고 탄성을 지르는 모습을 상상한다. 이 둘의 괴리가 사람을 움직이지 못하게 한다. 재능은 타고난 것이 아니라 발견하는 것이다. 해보지 않고는 재능이 있는지 없는지 알 수 없다. 그리고 재능은 초급에서 발휘

되는 사람도 있고, 중급 이상에서 확 튀어 오르며 발휘되는 사람도 있다. 어떤 일이든 초급 시기의 지루한 반복 작업을 통과하지 않고는 이 일을 좋아하는지, 잘하는지, 할 만한 일인지 정확히 판단하기 어렵다.

그러니 일단 많이 해보는 것이 필요하다. 너무 빠르게 포기하기 전에 말이다. 특히나 처음 해보는 것이라면 실패는 당연한 것, 실수도 당연한 것, 모르는 것도 당연한 것이다. 일단 질보다 양을 우선으로 해서, 많이 해보는 사람이 최고다. 결국 질은 양을 따라오게 되어 있다. 미켈란젤로도 다빈치도 수많은 실패작을 갖고 있다. 실패작만 모아놓은 전시실도 따로 있을 정도다. 실패의 전시실을 내 마음 안에도 마련해야 한다. 그리고 그 실패작들은 부끄러움의 연대기가 아니라, 성장하기 위한 당연한 과정이다.

노력에 요령을 더하는 법

"현주 씨, 아직 못 끝냈어요?"

현주 씨는 선배의 말에 가슴이 쿵 내려앉는 느낌이었다. 어제부터 붙잡고 있던 현황 정리를 마무리하지 못했기 때문이다. 여러 부서에서 받은 원자료를 하나하나 엑셀로 옮기고, 그 내용을 다 취합해서 표로 만드는 작업이었다. 시간이 어떻게 가는지도 모르게 집중해서 했지만 너무 오래 걸렸다. 어젯밤에도 이 일을 하느라 9시가 넘어서 퇴근을 했다.

"열심히 하는데 시간이 많이 걸려요, 선배."

"이런 작업은 이 방식으로 하면 돼요."

선배는 직접 엑셀 작업을 하면서 현주 씨에게 차 한 잔 마시면서 쉬고 오라고 했지만, 현주 씨는 뒤에 서서 선배의 작업을 지켜보았다. 필요한 자료를 찾아서 수식을 만드니 금방 결과물이 나왔고, 간단한 통계 도구를 써서 표를 뚝딱 만들었다. 현주 씨는 메뉴에서 하나하나 기능을 찾아 쓰는데, 선배는 단축키를 써서 빠르게 넘어갔다. 반 시간도 되지 않아 결과물이 만들어졌다.

"적어놓고 나중에 시간될 때 똑같이 한 번 해봐요. 금방 익힐 거예요."

이렇게 알려주고 자기 자리로 돌아간 선배에게 고맙기도 하고, 이런 일로 도움을 받아서 민망하기도 했다. 무엇보다도 부러운 마음이 들었다. 난 언제쯤 저렇게 무엇이든 다 해내는 '일잘러'가 될 수 있을까?

'일잘러'가 되려면 좋은 선배, 괜찮은 교육과 훈련 시스템이 있는 조직에 있는 것이 최선이다. 여기에 빠져서는 안 되는 것이 나의 노력이다. 하지만 그저 열심히 하기만 한다고 일이 늘지 않는다. 무엇이든 요령이 필요하다. 노력에 요령이 더해지면 한결 쉽게 원하는 목표를 달성할 수 있다. 한 번 고지에 다다르고 나면 그다음부터는 자가발전으로 그다음 레벨로 올라갈 수 있다.

일단 재능이 있는지부터 점검해볼 필요가 있다. 모든 것을 잘해내는 육각형 인간은 현실에 드물다. 내가 어떤 부분에 재능이 있고, 어떤 부분이 조금 모자라는지 모든 일을 시작하기 전에 어렴풋하게라도 알아두는 것이 좋다. 어떤 사람은 기계는 잘 다루지만 대인관계를 풀어내는 사회성은 다소 떨어진다. 자료를 검색해서 요약하는 능력은 뛰어난데, 그 내용을 발표하는 능력은 상대적으로 떨어져서 발표 때마다 긴장하고 중언부언하는 사람도 있다.

나는 재능을 '설렁설렁 하는데도 중급 레벨로 가는 능력'이라고 정의한다. 그리 큰 노력을 들이지 않고도 중급 레벨까지 해내는 것이다. 재능이 있는 일은 그래서 쉽게 중간급은 되고 그다음은 슬슬 시간과 노력을 들이면 고급까지 나아갈 수 있다. 그에 반해 재능이 적은 영역은 중급 레벨로 가는 데 한결 더 많은 시간과 노력을 들여야만 한다. 그런데 내가 맡은 일이나 해야 하는 일에 재능이 없을 수도 있다. 그때는 각오를 더 다져야 한다. 그리고 나의 재능 유무를 미리 파악한 만큼, 나의 능력치를 과대평가하지 않게 된다. 무엇보다도 내가 잘하는 일과 비교하면서 너무 빨리 포기하거나 자학할 일이 줄어든다. 그냥 이 일은 내 재능이 덜한 영역이라서 능력치를 올리는 데 시간과 노력이 더 들 뿐이다. 또한 남에게 부탁할 때도 덜 괴롭다.

두 번째는 필요한 시간과 노력을 이해하는 것이다. 재능이 3이면 시간이 7, 재능이 7이면 시간은 3이 필요하다. 시간에 노력이 곱해지면서 결과치는 가속도가 붙어 빨리 좋아진다. 이를 알아야 덜 질리고 덜 지친다. 지루한 반복을 견뎌내야 숙련된 결과를 낼 수 있다. 하루 이틀만에 전문가 수준이 될 수도 없고 바람직하지도 않다.

일을 더 빨리 손에 익히거나 잘하기 위해서는 어느 정도의 시간과 노력이 반드시 필요하다. 하지만 그 과정을 조금이라도 덜 힘들게 하면서, 덜 고통스러울 수 있는 방법이 있다. 목표가 분명하면 그 과정의 지루함을 견뎌내고 그만두고 싶은 욕구를 잠재울 수 있다. 무한 반복과 난관의 연속을 도전과 루틴으로 받아들이게 해주는 방법이다. 바로 내가 하는 일을 게임으로 만드는 것이다. 게임 개발자들이 게임을 설계할 때 유저를 늘리기 위해 사용하는 방법을 따라해보자.

첫 번째, 획득 가능한 분명한 목표를 세우는 것이다. 너무 높은 목표는 아예 제풀에 지치게 만든다. 처음부터 최종 보스가 등장하면 그 게임은 하고 싶지 않다. 대부분의 게임에서 첫판은 누구나 이길 수 있게 만만한 난이도로 설계가 되어 있다. 발을 일단 들이게 만들고 게임의 룰을 몸에 익힐 여유를 준다. 그리고 해볼 만하다는 자신감을 갖게 한다.

두 번째, 이제 그 첫 단계부터 최종 목표 사이의 단계를 잘게 쪼개 계단을 만든다. 책 한 권을 다 읽는다는 최종 목표를 한 챕터씩 읽기로 하면 읽을 만해지듯이 조금씩 작은 목표를 달성해가면서 계단을 하나하나 올라간다. 층별 계단의 수와 계단의 높이는 처음 한 층을 올라가면 대략 감이 잡힌다. 이왕이면 수치화할 수 있으면 더욱 좋다. 게임에서 아이템의 개수, 레벨을 수치화해주는 것이 그런 이유이다. 회사에서 매년 성과에 대한 보상을 받는 것이나 평가를 받는 것도 비슷하다. 잘게 쪼개서 계단을 오르면 성취감을 느끼고 작은 내적 보상을 받을 수 있고 더 나아갈 긍정적 동기부여를 얻는다.

세 번째로 필요한 것이 적절한 난이도다. 너무 쉬워도, 너무 어려워도 좋지 않다. 딱 적당하다 싶을 정도의 고생스러움이 이 시기에 중요하다. 이 영역에서는 좋은 트레이너, 즉 선배가 있어야 한다. 현재의 수준보다 반 발, 혹은 한 발 정도 더 앞에서 독려하고 해내도록 돕는 역할이다. 성장은 운동을 하는 것과 비슷하다. 근력운동을 할 때 무게를 너무 높게 하면 관절과 근육이 다칠 수 있고 운동 자체가 싫어질 수도 있다. 하지만 힘들게 운동을 끝냈는데 근육통이 전혀 없으면 돈이 아깝다는 생각도 든다. 약간의 근육통을 느끼며 운동했다는 뿌듯함을 가지듯이, 쉽게 얻은 게 아니라고 여길 정도의 난이도가 있어야 한다. 급여나 칭찬, 인정과 같은 긍정적 보상만큼이나 고생 끝에 얻은 성장은 강력한 동기부여이다.

네 번째는 경쟁과 비교다. 팀 단위 경쟁, 혹은 다른 사람과 비교를 통해 내가 어디쯤 와 있는지 살펴보고 확인하는 것은 부러움, 열등감과 합쳐져 부드러운 자극제로 작용한다. 그만두려다가도 바로 옆의 사람을 이기고 싶다는 경쟁심이 자극되면 더 하게 되고 어느새 몰입하고 있는 나를 발견하게 되어 그만두고 싶은 시기를 넘어가게 해준다.

다섯 번째, 한 단계가 끝날 때마다 전리품과 같은 것을 수집해서 내 것으로 모은다. 보이스카웃 배지들, 게임 한 판이 끝날 때마다 모으는 아이템들, 나이키 러닝 앱의 달성 배지가 그렇다. 돈이 되지 않더라도 하나씩 모으는 재미가 지속적으로 그 행동을 하도록 북돋아준다.

이런 것들을 모아서 잘 이용하면 시간과 노력을 들이는 지루한 반복의 시간을 견딜 수 있고 어느새 숙련의 단계에 다다를 수 있다. '일잘러'가 되기까지 지루하고 끝이 없어 보이는 일들의 연속이다. 이런 건 해서 뭐하지 싶은 순간도 자주 있다. 목표를 분명히, 그리고 잘게 쪼개기, 적당한 난이도로 조정해보기, 경쟁을 내 도구로 사용하기, 자잘한 전리품 챙기기를 이용하면 그만두고 싶은 고난의 골짜기를 극복하고 숙련된 일잘러, 전문가의 레벨이 될 것이다. 처음부터 다 잘하는 사람은 없다.

계획부터 스마트하게

외래 진료실을 나가는 환자에게 반복해서 하는 말이 있다. "운동 하세요"라는 말이다. 하지만 다음 진료에 물어보면 "거의 못 했어요"라는 대답을 듣는다. 나나 환자나 힘이 빠진다. 운동뿐 아니라 외국어나 자격증 공부를 시작해보겠다고 하지만, 막상 다음 진료 시간에 물어보면 10명 중 9명은 실행하지 않고 있다.

돌이켜보면 나도 마찬가지이기는 하다. 운동을 해야겠다고 마음을 먹고 집과 직장 근처의 헬스장을 둘러보았다. 그러기를 몇 주가 지나서 우연히 받은 전단지를 보고서야 상담을 갈 생각이 났다. 헬스장을 둘러보고 난 다음에 바로 계약할까 했지만, 망설임에 돌아서 나와서는 "운동화 사서 다시 올게요"라고 둘러댔다. 마침 실내에서 신을 새 운동화가 필요하다는 트레이너의 안내가 좋은 변명거리였다. 실내용 운동화를 검색하고, 나이키가 좋을지 아디다스가 좋을지 검색해보다가 몇 주가 흘러서야 비로소 신발을 구입했다.

이렇게 막연하게 생각만 하고 있으면 실행으로 옮기는 것은 어렵다. 불룩 나온 배를 볼 때마다, "아, 피곤해"라는 말을 나도 모르게 내뱉을 때마다 운동을 해야겠다고 결심하지만 진짜 운동을 시작하기까지는 이렇게 난관이 많다. 계획과 목표가 막연하고 '스마트' 하지 않은 탓이다. 운동을 시작할 때의 목표는 바디 프로필 촬영이고, 달리기를 하면 4시간 이내로 완주하는 마라톤 서브4, 일본어를 배운다면 JLPT 1급이다. 굉장히 구체적인 계획처럼 보이지만, 사실은 비현실적이다. 아는 것만 많고 꿈만 크다.

꿈은 원대하고 거창하게 갖는 것이 좋지만 실제 계획을 세울 때에는 현실적이고 실현 가능하게 해야 한다. 책을 쓸 때뿐 아니라, 일을 할 때, 공부를 할 때, 심지어 다이어트를 할 때도 마찬가지이다. 예를 들어, 외국어를 공부하겠다는 결심을 했다고 생각해보자. 다음의 두 가지 경우가 있다.

1) "일본어 회화를 배워볼까? 강남역에 유명한 학원을 추천 받았어."
2) "토익 점수가 지금 700점이니 6개월 후에 900점으로 올려야지. 취업을 위해 필요해."

어떤 계획이 더 나을까? 물론 아무것도 하지 않는 것보다 둘 중 어느 쪽이라도 하는 편이 낫다. 그래도 'SMART'한 계획에 필요한 아래의 다섯 가지 요인에 따르면 첫 번째보다 두 번째 계획이 더 낫다.

Specific	구체적
Measurable	측정 가능한
Achievable	달성 가능한
Reasonable	합리적인 이유가 있는
Time-limited	시간을 정해둔

첫 번째 계획의 일본어 회화 배우기보다 두 번째의 토익 점수 올리기가 좀 더 구체적이고, 점수를 낼 수 있는 측정 가능한 대상이다. 700점을 900점으로 만든다는 목표는 달성 가능한 수준의 향상이다. 취업을 위해서 토익 시험을 본다는 합리적인 이유가 있고, 6개월이라는 정확한 시한을 정했으므로 역산해서 계획을 세울 수 있다. 이런 계획이 좋은 계획법이다.

그에 반해 일본어 회화는 굳이 지금 배울 이유가 없기 때문에 시작하기에는 막연하다. 시작해도 제대로 배우지 않을 가능성이 더 높다. 이럴 때는 차라리 '일본의 소도시를 여행하고 싶어서'와 같은 구체적 목표를 세워보는 것이 좋다. 그렇게 하면 취업 가능한 수준의 고급 일어 회화가 아니라, 가볍게 여행하면서 쓸 수 있는 일상 회화를 배우는 것을 목표로 삼을 수 있다. 공부 방법이나 교재를 고를 때에도 목표에 맞게 선택할 수 있다. 또한 연말에 일본 여행을 간다고 아예 시간을 딱 못 박아보는 것도 좋다. 그래야 정해둔 기간 동안 열심히, 집중적으로 할 수 있다.

나의 경우에도 책을 쓰기로 계획하면 지금 이 책이 왜 필요한지 생각하면서 충분히 편집자와 기획을 하며 토론을 한다. 그러고 나서 자료를 모으고, 마감을 정하고, 일주일 단위의 계획을 세워 최대한 지키려고 노력한다. 그런 과정이 일상적인 습관처럼 만들어진 덕분에 지금까지 책을 한 권 내고 나면 또 다른 책을 시작할 수 있는 동력을 얻을 수 있었다.

그리고 처음 계획은 아주 만만하게 낮은 목표로, 내가 생각한 능력의 50퍼센트 정도로 잡는 것이 좋다. 부담없이 '까짓것 이 정도야 당연히 할 수 있지'라는 정도가 되어야 '시작에 대한 무조건적 저항'의 문턱을 낮추고 당장 시작할 수 있다. 아침에 이를 닦으면서 스쿼트 5회를 한다거나, 운동화를 신고 10분 걷기, 책을 펼치고 한 페이지 읽기 등 시작할 때만큼은 너무 과하거나 무리하게 할 필요없다. 100까지 갈 것을 목표로 하지만 0에서 시작할 때는 먼저 1을, 아니 0.1부터 발을 들이미는 것으로 충분하다. 실은 그것조차도 쉽지 않다. 0.1정도로 만만해 보여야 처음 시작한 다음 날에도, 그 다음 날에도 지속할 수 있다.

계획을 잘 세운다면 그냥 마구잡이로 할 때보다 덜 지치고 덜 힘들다. 그리고 그 방식대로 다시 반복할 수 있다. 그러면 그다음에는 더 잘 달성하고 성장할 수 있게 계획을 세울 수 있다. 결과는 부차적인 문제이다. 스마트한 계획을 세우고 잘 실천하면 그에 맞는 결과가 따른다. 그리고 기대보다 큰 결과가 나온다면, 행운의 영역에 들어간 덕분이다.

가벼운 가방의 힘

스타트업을 운영하고 있는 대표가 진료실을 찾아왔다. 창업 후 몇 년간 고생하다가 '죽음의 계곡'을 잘 넘기고 이제 50명 정도의 직원이 일하는 회사로 성장시켰다. 그러나 본인에게는 불안, 강박, 불면, 짜증 등의 문제가 생긴 것이다.

운동도 하루 1시간씩 하고, 건강검진도 정기적으로 받고, 술도 멀리하고, 좋다는 영양제는 다 먹는다. 그런데도 몸 컨디션이 썩 좋지 않고 언제나 머리가 아프고 소화도 잘 되지 않는다. 요새 들어서 회의 중에 큰소리를 내는 일도 일주일에 한두 번씩 생겼다.

창업하기 전에 다니던 대기업에서 말도 안 되는 이유로 짜증을 내고 자기 고집만 부리던 부장이 싫어서 그만뒀는데, 언제부터인가 내가 그 사람처럼 된 게 아닌가 하는 자괴감이 들었다고 한다. 30대 후반의 미혼으로 일도 열심히 하고, 자기가 하는 일을 좋아하며, 회사도 차근차근 성장시킨 모범적인 사람이었다. 하지만 모든 책임을 자신이 지고, 처음 가보는 길을 가고 있으니 스트레스가 많을 수밖에 없었다. 꼼꼼하고 성실하며 완벽주의적 성향이 일을 시작할 때에는 많은 도움을 주었지만 회사가 어느 정도 크고 나서는 책임의 무게가 달라졌다. 매출이 많아질수록, 직원의 수가 늘어날수록 그 무게가 더욱 커졌다. 그 책임감과 스트레스가 고스란히 몸으로 넘어와서 금세 피곤하고, 쉽게 짜증이 나고, 몸 여기저기가 조금씩 아팠던 것이다.

이 대표의 고충을 듣고 있으니 무거운 가방을 어깨에 메고 다니는 학생의 모습이 떠올랐다. 학교 갈 때 참고서와 교과서, 문제집으로 가방을 꽉 채우고 가도, 집에 가면 또 공부할 것이 산더미이다. 그러니 무거운 책들을 두고 다닐 수 없다. 화장실에 갈 때도 문제지를 들고 간다. 쉬는 날에도 학원 특강을 들으러 가거나, 독서실에 간다. 누가 봐도 공부를 열심히 하는 모범생이지만 휴식을 취하는 시간이 없다. 어느 선을 넘어가면 팍 고꾸라지기 쉽다. 하지만 당사자는 무릎이 꺾여보기 전까지 자신이 쓰러질 수도 있다는 것을 모른다.

회사의 직원이라면 업무 시간이 끝난 후에는 일에 관해서 '오프' 상태가 가능할 수도 있다. 일에 대한 고민을 할 수 있고, 업무 메일을 받을 수 있지만 꼭 반응해야 할 필요는 없다. 그렇지만 대표는 다르다. 24시간, 일주일 내내 업무에서 자유로울 수 없다. 법인과 내가 하나라고 생각할 수밖에 없다. 회사 지분의 50퍼센트만 가지고 있다고 해서 일주일에 3.5일만 고민할 수 없다. 그러니 집에 와서도 '오프'가 되지 못하고 '온' 상태로 계속 회사 생각, 일 생각만 하게 되고, 주말에도 모든 생각들이 회사와 관련한 일로 이어졌다. 바로 책임이라는 책이 가방 안에 가득한 상태였던 것이다.

이 문제를 해결하는 방법은 마음가짐을 달리하는 방법뿐이다. "그래도 돼" "지금 더 한다고 달라질 것은 없어"라는 마음이다. 이런 마음이 그냥 생기는 것이 아니다. 그래도 불안해하지 않게 만드는 것이다. 내가 하지 않으면 안 될 것 같고 뭐라도 해야 할 것 같은 불안을 견디고 '빈 공간'을 만드는 것이다. 그리고 애를 써서 빈 공간을 유지한다.

고등학교 동기 중에 늘 수석을 놓치지 않는 탁월한 친구가 있었다. 그 친구의 가방은 언제나 가벼웠는데, 공부할 것만 가지고 다녔다. 그에 반해 나와 다른 친구들의 가방은 언제나 무거웠다. 학교에 갈 때는 학교 가서 공부한다고 잔뜩 넣어 가고, 집에 올 때는 학교에서 못 했으니 집에서 해야지 하는 마음으로 몽땅 다 들고 다녔던 것이다. 우리는 불안한 마음에 모든 교과서와 참고서를 다 들고 다녔지만, 그 친구는 자기가 집중해야 할 때와 멈추고 쉬어야 할 때를 잘 판단했던 것이다. 고등학교 때부터 말이다.

나는 40대 중반이 되어서야 가방의 무게를 줄일 수 있었다. 노트북과 책 두세 권을 넣어 다니는 것이 기본이었지만, 이제는 아무엇도 들고 다니지 않을 때도 있다. 내가 서서히 무게를 줄여 나간 방법은 아예 작은 가방을 들고 다닌 것이었다. 더 넣고 싶어도 못 넣게 강제로 조정한 것이다. 그러니 한결 마음이 편해졌고, 그렇게 다녀보니 별일이 벌어지지 않는 다는 것을 몸으로 깨닫게 되었다.

스타트업 대표의 문제는 '온'과 '오프'를 구별하지 못했던 것이기 때문에, 억지로라도 구별할 수 있게 되면서 자연히 숨 쉴 공간이 생기고 몸과 마음이 가벼워질 수 있었다. 내려놓을 수 있게 되었고, 책임을 나눌 수 있게 되었으며, 운동을 시작해서 적극적인 휴식을 갖고 분산과 발산을 하게 되었다. 자연스럽게 몸의 통증과 불면도 사라졌다. 지치지 않고 오랫동안 일하고 건강한 생활을 만들어가기 위해 '온'과 '오프'를 자연스럽게 가를 수 있는 능력이 필요하다.

우리에게 필요한 것은 '그래도 돼, 두고 다녀도 돼, 몸만 다녀도 돼'라는 생각을 행동으로 전환하는 것이다. 그렇게 해도 별일이 벌어지지 않는 것을 확인하면서 서서히 몸과 마음이 가벼워질 만큼 두고 나올 수 있다. 꾸준한 연습이 필요하다.

일의 무게, 책임의 무게를 내려놓고 몸과 마음을 가볍게 만든다. 할 것이 끝나면 탁 놓고 나올 수 있어야 몸과 마음이 가벼워진다. 언제나 머릿속에서 생각하고 있다고 해서 그 일과 걱정이 없어지는 것도 아니고, 더 확실한 해답이 나오는 것도 아니며, 간절한 마음이 하늘에 닿아서 문제가 해결되는 것도 아니다. 공부 못하는 애가 가방이 무겁고 공부 잘하는 애는 연필만 하나 갖고 다닌다는 옛말이 일을 대하는 마음에도 통한다. 가방은 가볍게, 꼭 필요한 것만 넣는다. 그것이 힘들다면 가방을 작은 것으로 바꿔버림으로써 그렇게 할 수밖에 없게 만든다. 그런 태도가 짓눌린 나의 마음과 몸을 가볍게 해 줄 수 있을 것이다. 가방을 가볍게 하듯이 내 머리와 마음도 최대한 가볍게 만들어야 한다. 그래야 오래 지치지 않고 일할 수 있다.

함께 일하고 싶은 사람이 되려면

우리가 일을 할 때에는 같이 일하는 사람들에게 많은 영향을 받게 된다. 내가 아무리 혼자서 열심히 해도 같이 일하는 사람이 일을 잘 못하면 성과도 잘 나오지 않는다. 반면에 내가 좀 부족하더라도 같이 일하는 사람이 일을 잘하거나 도움을 주면 기대보다 더 좋은 성과를 낼 수도 있다.

우리는 함께 일하는 사람을 얼마나 일을 잘하는지로 판단하면서도, 동시에 '호감도'를 고려한다. 같이 있으면 기분이 좋고 작은 감정의 교류로 친밀함을 느끼게 하는 사람이 있고, 반대로 잘 가르치지만 엄격한 호랑이 선생님처럼 좋지만 멀리 하고 싶은 사람도 있다. 이를 호감과 비호감으로 나눠볼 수도 있다. 사람에 대한 감정은 내가 그를 대하는 태도를 정의하기도 한다. 그러니 유능함에 더해서 관계의 호감도를 함께 보면 더 정확하고 포괄적으로 사람을 대하는 태도를 평가할 수 있을 것이다.

영장류학자이자 스트레스 연구의 권위자인 로버트 새폴스키 교수가 《행동》이라는 책에서 무척 흥미로운 매트릭스를 소개하고 있다.

	따뜻함	차가움
유능함	자랑스러움	선망
무능함	동정	혐오

　관계의 온도이자 인간적인 태도인 '따뜻함'과 '차가움'이라는 척도는 이 사람이 위험한지 아니면 가까이 있어도 될 우리 편인지를 구별해준다. 따뜻함은 보통 우리가 엄마 같은 존재에게 느끼는 감정이다. 의지하고 싶고 아주 가까이 있으면서 그 온기를 내 것으로 하고 싶다. 반면 차가움은 오고 가는 정서적 교감이 없는 대상에게 느끼는 감정이다. 뱀과 같은 파충류를 생각해보자. 뱀에 물린 적이 없지만 멀리 하고 싶고 시간이 지나도 호감이 느껴지지 않는다. 거리를 두고 싶다.

　유능함과 무능함의 척도를 살펴보자. 유능함은 똑똑한 것보다 넓은 개념이다. 어떤 일을 맡았을 때 충분히 자기 몫을 잘 해내는 전반적 능력치를 나타낸다. 무능함은 그 반대 개념이다. 일을 맡기기 무섭고, 제대로 일인분을 해내지 못한다. 이 척도는 부지런함이나 지적인 능력과 같은 평가 대상의 특성이 아니라 일의 성과를 나타내는 결과적 개념이다.

새폴스키 교수는 이렇게 척도를 나누어 분류하면서, 따뜻함-유능함은 자랑스러움, 차가움-유능함은 선망, 따뜻함-무능함은 동정, 차가움-무능함은 혐오의 감정이 생긴다고 보았다. 유능한데 따뜻하면 우리는 그 사람을 안다는 것이 자랑스럽다. 손흥민 선수가 멋진 경기를 마친 후, 관중석의 어린이에게 유니폼을 벗어주는 장면을 보면 호감도가 급상승한다. 유능한데 차가운 사람을 보면 능력은 충분히 인정하지만 정이 가지 않는다. 성공한 기업가나 연예인을 바라보는 것처럼 '선망', 즉 부러움을 느낀다. 따뜻한데 무능한 사람은 함께하면 좋지만 일머리가 없거나 능력이 떨어져서 일을 맡기고 싶지 않다. 이들을 대할 때는 안타까운 연민의 마음이 우선이고, 동정의 대상이 된다. 마지막으로 차가운데 무능한 사람은 능력도 없는데 호감도 가지 않는 사람이다. 이들에 대한 감정은 혐오이고, 가능한 한 멀리하고 싶고 자칫 잘못 엮이면 나까지 위험해질 가능성이 있다고 여긴다.

이 척도에 따라 자극을 주고 뇌를 스캔하면 자동적으로 특정한 반응이 나온다. 차가움-무능함으로 평가된 사람의 사진을 보여주면 혐오감이 생길 때 반응하는 편도(amygdala)와 섬엽(insula)이 활성화된다. 위험할 수 있으니 일단 거리를 두도록 뇌에서 판단하는 것이다. 이성적 판단을 하는 복부전두엽피질(VMPFC)은 활성화되지 않는다. 반면 차가움-유능함, 따뜻함-무능함일 때는 활성화된다. 즉, 그냥 그런 느낌을 갖는 것이 아니라 우리 몸이 유능과 무능, 차가움과 따뜻함에 따라 뇌에서 판단하고 반응할 방향을 결정지어준다는 것이다. 이 판단에 따라 사람을 대하는 태도가 정해진다. 동정과 자랑스러움 사이에 있는 사람은 돕고 싶어진다. 기본적으로 따뜻한 사람이니 유능을 더하면 되니까, 따뜻함-유능함의 영역으로 보내고 싶다. 자랑스러움과 선망 사이에 있는 사람과는 함께하고 싶다. 유능함이 있으니 차가움은 견디면 된다고 느끼게 된다. 그러나 선망과 혐오 사이에 있으면 멀리하고 싶다.

이러한 감정 반응은 역동적으로 움직인다. 긴 시간을 두고 사람을 대하는 마음이 바뀔 수도 있다. 부모를 대하는 마음이 대표적이다. 어릴 때 부모는 따뜻하고 유능한 존재이다. 그런데 나이가 들고 자식에게 의존하게 되는 시기가 오면 따뜻하지만 무능하다고 여기게 된다. 그래서 돌봐야 하는 존재가 된 부모를 연민의 마음으로 대한다. 또한 집안에 갑작스러운 부고가 생겨서 당황해하고 있을 때 차가운데 무능하다고 여겼던 팀장이 가장 먼저 도움을 주거나 여러 가지 편의를 봐줄 수도 있다. 그러면 차가움은 따뜻함으로 바뀌고 팀장에 대한 평가도 달라진다.

이렇게 다양한 방식으로 이 매트릭스는 오고 갈 수 있다. 꽤 유용한 판별법이다. 우리가 사람을 볼 때 직관적으로 인식하는 자랑스러움, 동정심, 선망과 혐오는 실은 유능과 무능이라는 그 사람의 존재적 역량, 따뜻함(호감)과 차가움(비호감)이라는 감정적 거리감이 복합적으로 작동한 결과물이다. 그리고 이 평가는 우리가 그 사람을 대하는 기본 태도가 된다. 사람들이 나를 대하는 태도의 기본 인식이기도 하다. 이 판단은 시간의 흐름에 따라, 상황에 따라 바뀔 수밖에 없다.

내가 이렇게 사람을 판단하는 것만큼 다른 사람들은 나를 차가움과 따뜻함, 유능함과 무능함 중 어느 쪽으로 보고 있는지도 중요한 문제이다. 특히 내가 사람과의 관계를 중요하게 여기고, 좋은 사람으로 지내고 싶은 타입이라면, 이 매트릭스를 잘 활용하면 좋다. 만일 따뜻함과 유능함 중에서 하나를 먼저 집중해야 한다면 나의 선택은 무엇이 되어야 할까? 따뜻함에만 집중하면 자랑스러운 사람이 되는 것이 가장 좋지만, 자칫 동정의 대상이 될 수도 있다. 반면 유능함에 머문다면, 자랑스러운 사람이거나 아니면 부러운 사람이 될 것이다.

나는 일터에서는 호감이 되는 것보다 먼저 유능함을 갖추라고 조언한다. 부러움의 대상이 되고 조금 거리감을 느끼고 있었는데 알고 보니 따뜻함도 있는 사람이라고 여겨지면, 사람에 대한 만족도가 훨씬 올라간다. 반면 일을 아직 잘하는 것 같지는 않지만 사람은 좋아서 많이 도와줬는데 관계에 휘둘리는 일이 생겨서 자칫 그 사람과 거리가 생기면, 그 순간 혐오의 대상으로 전환되어버릴 위험이 있다. 이런 복잡미묘한 차이를 검토해보면, 무엇이 먼저인지 답이 나온다. 동정의 대상이 되기보다 선망의 대상이 되기를 먼저 선택하는 것이 좋다. 모든 사람과 호감형으로 지내며 두루두루 잘 지내려고 에너지를 쓰는 것보다 자기가 하는 일에서 거침이 없고 불안하지 않게 일을 맡길 수 있는 사람이 되는 것이 우선이 되어야 함께 일하고 싶은 사람이 될 수 있다.

호감과 비호감은 사람에 따라 상대적이고, 한 번의 의도치 않은 일로도 너무나 쉽게 평가가 바뀔 수 있다. 그에 반해 유능함은 객관적인 성과로 평가가 되니, 깎아내릴 수는 있지만 호감만큼 주관적 요소가 개입하지는 않는다. 한 사람이 해낸 그동안의 성취는 갑자기 바뀌지 않는다. 그런 면에서 유능함의 고지는 오르기도 어렵고, 한 번 달성하면 꽤 오랫동안 안정적으로 지켜나가는 힘이 된다. 그러니 둘 중 하나라면 우선은 유능함을 고르는 것이 낫다. 특히나 모두와 잘 지내려는 마음을 가진 사람은 기본적으로 따뜻한 성정을 갖고 있을 것이기 때문에 아주 비호감이 되기도 쉽지 않을 것이다.

중급으로 넘어가기 전에
꼭 거쳐야 할 것

일을 처음 시작하고 나서 어느 정도 일이 익숙해진 후에, 초보에서 중급 이상으로 올라가는 데 어려움을 겪는 사람들이 종종 있다. 학습 능력이 좋아서 잘 배우고 태도도 성실하며 열심히 노력하는데 어느 선을 넘어가지 못하고 그 자리에 머무른다. 스스로도 벽에 부딪힌 상황임을 잘 알고 있고, 그로 인해 '내가 이 일에 맞지 않는 것은 아닌가' 하는 존재론적 괴로움을 겪고 있다.

이럴 때 몇 가지 마음에 담아두고 실천을 해보았으면 하는 팁이 있다. 돌이켜보면 나 또한 일뿐만 아니라 생활에서 실천하면서 많은 도움을 받은 것들이다.

첫 번째로 완벽보다 완성이 우선이다. 앞에서도 얘기했지만, 디테일에 치중해서 완성도를 높이는 데 집중하기보다는 프로젝트의 전 과정을 빠르게 마무리하고 그 과정을 여러 번 반복하는 것이 중요하다. 그렇게 완성의 경험을 여러 번 하다 보면, 결국 완벽에 가까워진다.

잘 알고 지내는 출판 편집자가 처음 편집 일을 했던 경험을 애기해준 적이 있다. 학교를 졸업하자마자 신입 편집자로 입사를 했는데, 편집장은 무조건 마감을 맞추라고 했다는 것이다. 이삼 일만 더 주면 오탈자도 찾고 교정도 더 잘 볼 것 같은데, 마감에만 목숨을 거는 듯한 편집장의 태도에 반감이 생겼다. 몇 년이 지나 다른 출판사로 옮겼다. 이번에는 평균 2개월에 한 권 정도 만드는 속도였는데 월 1권의 책을 마감을 해야 했다. 공장에서 책을 찍어내나 싶을 정도로 자괴감이 들었다. 그런데 시간이 지나고 나니 그게 대단한 훈련이었다는 걸 알게 되었다. 일단 일에 속도가 붙어서 같은 시간 안에 훨씬 많은 일을 해낼 수 있었다고 했다. 루틴으로 반복해서 하는 일은 누구보다 빨리 해내고 남은 시간을 더 창의적인 일에 쓰고, 마케팅적 부분까지 준비하는 여유가 생긴 것이다.

처음부터 끝까지 마무리를 짓는 한 바퀴의 경험을 많이 해보는 것이 중급 이상으로 넘어가게 한 요령이다. 초보일 때는 이래도 되나 싶지만, 초보에 대한 기대치를 생각할 필요도 있다. 최상급자가 되었을 때에는 당연히 완성도가 가장 중요하다. 그러나 초보부터 중급까지는 얼마나 많이 마무리를 해보았는지가 그 사람이 가진 전체 일 처리 능력을 평가하는 기준이 된다. 그다음이 그 일을 해내는 속도이다. 속도를 붙일 수 있다는 것은 단위시간 동안 많은 마무리를 해보았다는 것이고, 어느 정도 연차가 쌓이면 마무리를 많이 해본 사람과 그렇지 않은 사람의 경험치는 한참 차이가 날 수밖에 없다.

두 번째는 위임과 제거이다. 다른 사람에게 일을 잘 맡기고, 하지 않아도 될 일을 잘 골라내야 한다는 뜻이다. 예를 들어서 중세사회의 장인은 작업의 모든 과정을 처음부터 끝까지 혼자 해냈다. 구두를 만든다면 디자인은 물론이고, 가죽을 손질하는 것부터 재단과 재봉까지 모두 한 사람의 손을 거친다. 현대사회는 공정을 세분화해서 각자 자기가 맡은 부분에 역량을 집중해서 단위시간에 더 많은 생산을 해내는 방식으로 변화했다. 자동차를 혼자 만들지 못하는 것처럼 지금 우리가 하는 일도 그렇다. 내가 모든 일을 다 해내야 한다고 생각하지 않아야 한다. 맡길 수 있는 일이 있으면 과감히 맡긴다. 나보다 잘하는 사람이 있다면 핵심적인 일이 아닌 것은 외부의 서비스에 위임한다. 그러고 나서 내가 집중해야 할 일에 몰두해야 전체적 생산성과 완성도가 올라간다. 맡기고 나서 불안해하지 않는 것도 능력이다. 일단 맡기면 나보다 나을 것이라 믿어야 한다. 내가 직접 하는 것보다 다른 사람이 하는 것이 질적인 측면에서 훨씬 나은 것들이 많다. 어떨 때에는 내 사비를 들여서라도 타인이나 타 업체의 전문가에게 일을 맡기는 것도 고려해볼 필요가 있다.

여기에 더해서 이 일을 꼭 내가 해야 할지 생각을 해보고 과감히 포기하는 것이 좋다. 내가 하고 있는 일들을 세분화해서 리스트를 만든다. 그리고 일을 시작하기 전에 검토해보면서, 각각의 세부적인 일들이 전체 맥락에서 핵심적인 일인지, 내가 반드시 해야 하는 일인지 생각해본다.

내가 돼지갈비를 파는 소규모 식당을 운영한다고 해보자. 곁들여 나오는 김치를 직접 담가야 할까? 완성도와 퀄리티만 보면 메인 메뉴뿐 아니라 모든 반찬까지 다 직접 만들어야 한다고 여길 수 있지만, 소규모 매장에서는 어려운 일이다. 손님들이 가장 관심을 갖는 것은 돼지갈비의 맛이기 때문에 고기의 질과 양념 맛에 집중하는 것이 좋고, 또한 전체적인 매장 분위기와 접객 서비스에 신경 쓰는 편이 매출에 더 도움이 될 것이다. 그렇다면 김치는 구매해서 제공하는 것이 더 나을 것이다.

일을 할 때에도 마찬가지다. 일이 버겁게 느껴진다면 과감히 디테일한 부분은 제거하고 해본다. 핵심적인 부분까지 제거하지만 않으면 된다. 효율성에 집착해서 본질적인 부분까지 제거하다가는 문제가 생긴다. 그것만 아니라면 불안을 억누르고 부수적 일을 제거하는 것으로 부담을 줄이고 핵심에 집중하도록 한다. 큰 의미가 없는 일을 안 하는 것은 용기이고, 능력이다. 그것들이 쌓이면서 내가 정말 잘하는 것이 무엇인지 점점 분명해진다.

마지막은 자동화이다. 항상 반복되는 일은 자동적으로 이루어지거나, 크게 품을 들이지 않아도 금방금방 해낼 수 있도록 미리 준비한다. 엑셀의 수식을 이용하거나, 간단한 코딩을 배우는 것도 좋다. 이메일이나 문서로 오고 가는 전형적 문장들이 있다면 매번 쓰기보다 여러 개의 양식을 만들어놓고 상황에 따라 꺼내 쓰는 습관을 들인다. 가랑비에 옷 젖는다는 말이 있듯이 작은 수고를 많이 반복하면 그 사이에 지쳐버리기 쉽다. 매일 1시간씩 들이던 일을 10분에 끝낼 수 있게 된다면 그만큼 내게 여유가 생긴다. 업무를 하면서 이 일이 반복되는 것 같다면 이와 같이 최대한 자동화할 수 있는 방법을 찾아보자.

이와 마찬가지로 자잘한 고민과 선택을 줄이는 것도 도움이 된다. 매일 아침마다 입고 나갈 옷을 고르거나, 점심이나 저녁 식사의 메뉴를 고르는 것 같은 소소한 일에 들이는 시간과 에너지를 아끼는 것이다. 물론 작은 즐거움이고 행복의 원천이다. 그렇지만 일이 많고 버거울 때에는 이런 작은 일들에 에너지를 소비하지 않는 편이 더 낫다. 요일별로 미리 입고 나갈 옷을 정해놓거나, 점심 메뉴도 미리 정해서 일정한 순서로 먹거나, 같이 먹으러 가는 사람의 의견에 전적으로 맡기는 것이다. 대세에 지장이 없고 특별히 못 먹는 것이 아니라면, 굳이 이런 일에 머리를 쓰지 않는다는 마음도 좋다. 그러다가 한 번씩 꼭 먹고 싶은 것을 먹거나 입고 싶었던 옷을 입는 것이 일상의 포인트가 되지 않을까.

이렇게 완성을 해보는 경험, 위임과 제거, 자동화의 세 가지 간단한 요령이 몸에 배고 나면, 확실히 일하는 것이 수월해진다. 그리고 어느덧 초보를 벗어나 '일 좀 하네'라는 평가를 들을 정도는 되는 중급 이상의 '일잘러'가 되어 있을 것이다.

5장

일터에서
내 영역을 만드는
작은 습관들

충분히 기회를 주고 싶은
사람이 되자

스타트업이나 중소기업에서는 업무의 장벽이 없는 것이 단점이기도 하고 장점이기도 하다. 여러가지 일을 해볼 기회가 있으면, 많은 걸 배워보고 경험해볼 수 있다. 그 일들이 원하던 일이 아닐 수도 있고 자질구레한 업무일 수도 있지만, 일단 떨어진 일이니 해보긴 해야 한다. 한편으로는 단순한 업무에서 배울 게 뭐가 있나 싶겠지만, 모든 일들이 그렇게 교과서대로 흘러가는 것은 아니다.

누군가는 해야 할 일인데 아무도 하지 않는다면, 조직은 제대로 돌아가지 않는다. 비단 관리자나 대표의 입장에서만 문제인 것은 아니다. 조직의 발전과 안정이 담보가 되지 않으면, 나도 성장하기 어렵다. 더구나 급여는 내가 몸 담고 있는 이 조직이 굴러가야 발생하는 것이다. 프리랜서로 일하는 것이 아니라, 조직에서 일을 하고 있다면 말이다.

일을 하다 보면 내 업무만으로도 힘들고 벅차서, '내 일이 아닌데 왜 하지?'라는 생각을 하게 될 때가 있다. 내 일을 해내는 것에 우선순위를 두면 업무 영역이 분명해지기는 하지만, 그만큼 한계가 분명해지기도 한다. 시간이 지나면 내가 맡은 영역에 대한 전문성은 더 깊어질 수 있지만, 일의 확장성은 반대로 적어진다. 내가 할 수 있는 일의 범위가 확장되면 내 영역이 모호해지는 것이 아니다. 오히려 새로운 시도를 해볼 수 있고 내 전문 영역에 영감을 불어넣을 수도 있다. 특히 연차가 쌓이면서 관리자의 업무가 추가될 때, 일의 확장성은 좀 더 빛을 발한다. 나는 전문성과 확장성 모두 극단을 추구하는 것이 개인의 성장에는 썩 좋지 않다고 생각한다. 전문성을 추구하되 어느 정도의 확장성을 함께 갖고 있는 태도가 적당하지 않을까?

그런 면에서 일을 시작하고 이제 업무를 익히는 과정이라면 호기심을 가지며 좀 더 마음을 열어보면 어떨까 제안하고 싶다. 한 번 이 일을 맡으면 잡일이 하나 늘어나고 당연히 내가 해야 할 일이 된다는 저항감이 생길 수 있다. 하지만 그 전에 먼저 '이 일은 뭘까'라는 마음을 가져보는 것도 괜찮을 것 같다. 해보고 아니면 거절할 수 있는 작은 용기만 품고 있으면 된다. 그리고 조직 차원에서는 개인의 거절이 허용되는 분위기가 오히려 조직의 성장에 도움이 된다. 그래야 조직이 경직되지 않고 새로운 변화와 시도에 유연할 수 있다.

그래서 선택을 할 때 한 가지 생각만 하기보다 평소 내가 판단하는 방식과는 다르게 생각해보는 습관을 가져보는 것이 좋다. 오랜 시간 조직에서 다른 사람과 일을 할 때에는 이런 태도가 필요하다. 사람마다 생각과 경험이 다르기 때문이다.

이성적으로는 알고 있다 하더라도, 불쑥 누가 제안을 하거나 일을 지시하면 열린 마음과 호기심으로 대하기보다 "제가요?" "그걸요?" "왜요?"라는 말이 먼저 튀어나오기 쉽다. 이성보다 감정이 먼저 내 반응의 방향을 결정하기 때문이다.

이렇게 판단을 할 때에는 뇌의 두 가지 영역이 관여한다. 하나는 직관적 판단을 할 때 '편도'라는 기관이 담당하고, 다른 하나는 이성적 판단을 할 때 관여하는 '전전두엽'이다. 둘로 나눈 이유는 위험한 상황에 처하면 빠르고 즉각적인 반응이 생존에 도움이 되기 때문이다. 일단 직관적으로 반응해서 움직이고 난 다음에 이게 어떤 상황인지 찬찬히 생각해도 늦지 않은데, 만일 반대로 생각을 충분히 한 다음에 움직인다면 포식자의 먹이가 되거나 위험한 상황에 오도 가도 못할 수 있다. 이 두 가지 트랙으로 우리는 일상적인 판단을 하고 행동을 결정한다. 그런데 무조건 직관적 판단 시스템이 먼저 발동하는 사람이 있다. 고무 해머로 무릎을 치면 무조건 반사를 하듯이 "왜요?" "제가요?"라는 말부터 먼저 나온다. 일단 감정적으로 반응하고 직관적으로 평소 느끼던 대로 반응해버리는 것이다.

우리의 사고는 한 번 방향이 정해지면 그 방향을 따라가게 되는 특징이 있다. 일단 방향이 잡혀버린 생각의 흐름을 멈추고 바꾸기는 쉽지 않다. 이때 필요한 것은 한 템포 늦추는 습관이다. 생각하지 않았던 제안이 오거나 지시를 듣고 나면 바로 반응하기에 앞서서 일단 숨을 고르고 거리를 둔다. 그리고 이성적이고 합리적 판단에 관여하는 전전두엽을 작동하면서 두세 가지 옵션들 중에서 가장 나은 안을 찾아보는 것이다. 그러고 나서 판단하고 대응해도 절대 늦거나 위험해지지 않는다. 우리는 정글에 던져진 것이 아니고 사무실에 앉아 있다는 것을 잊지 말자.

특히 긴장하고 있거나, 신경이 예민한 상태이거나, 지쳐 있을 때는 즉각적으로 반응하기 쉽다. 이럴 때일수록 한 템포 늦추는 것이 필요하다. 약간 느리고 굼떠 보이더라도 숨을 고르고 생각할 시간을 가진 후에 판단해야 한다. 더 좋은 방법은 이메일로 요청하고, 그것을 정돈해서 답장으로 보내는 것이다. 아무래도 시간을 벌 수 있고, 글로 쓰면 대화가 오고 가는 것보다 이성적인 판단을 할 수 있는 여유가 생긴다.

　이제 더 넓게 생각해보자. 일을 하는 공간은 사람들과 함께하는 곳이다. 나의 성과를 통한 업무 평가뿐 아니라 보이지 않는 평판도 중요하다. 일하는 사람 대부분이 두 가지를 고민한다. '이기적인 사람'으로 보일 것이냐 '괜찮은 사람'으로 보일 것이냐 하는 문제이다. 누가 나를 어떻게 보든 상관없다는 마음도 있겠지만 최소한 '내 일만 챙기는 사람'과 '괜찮은 친구, 융통성 있는 사람'으로 보이는 것의 차이는 존재한다. 거기에 더해 '그 일에 적합하지만 그 일만 시킬 사람'과 '다른 일에도 충분히 기회를 주고 싶은 사람'으로 나뉘기도 한다. 그리고 이런 태도는 보이지 않게 차곡차곡 쌓이고, 이렇게 모인 평판은 언젠가 반드시 작동한다. 내가 위기에 빠졌을 때, 혹은 내가 도움을 청해야 할 일이 생겼을 때 확실히 드러난다. 일종의 보험을 들어놓은 것이다. 보험금을 낼 때는 쓸데없는 곳에 돈을 쓰는 것 같지만 막상 사고가 나면 보험을 들어둔 사람은 더 빠르고 안전하게 위기를 탈출할 수 있다. 보험금처럼 쌓아놓은 평판은 결국 사람들이 나에게 좀 더 호의적인 방향으로 마음이 기울게 도와줄 것이다.

　문제가 생겼을 때 "그럴 줄 알았어"라는 첫 반응과 "그래? 그 친구가 그럴 리 없어. 실수였겠지"라는 첫 반응이 만든 마지막 결과물의 차이는 크다. 좋은 평판은 분명히 후자의 반응을 불러낼 것이다.

평판 때문에 하지 않을 일까지 억지로 하라는 것도, 나를 갈아 넣어서 남의 평가에 목매달라는 것은 아니다. 그저 기본적 나의 태도를 '친절' 정도로 잡아보자고 제안하고 싶다. 내게 여유가 있을 때 작은 호의를 베푸는 것이다. 이때 "호의를 베풀면 권리인 줄 안다" "호의를 베풀다 호구가 되었다"와 같은 주변의 말, 인터넷 밈들이나 게시물은 도시 괴담 정도로 여기는 편이 좋다. 나중에 실제로 그런 일이 발생한 후에 싫다고 거절해도 늦지 않다. 작은 친절들이 쌓여서 내 평판을 만든다. 그리고 오래 일을 하다 보면 언젠가는 이전에 함께 일했던 사람들을 만나거나 그들이 나에 대해 평가할 일이 생긴다. 회사 사람들은 나중에 절대 만날 일이 없을 것이라고 생각하지만, 놀랍게도 사람 일은 참 알 수가 없다. 이런 평가는 당사자들은 잘 알 수가 없는데, 보이지 않기도 하고 노골적으로 드러내지 않는다. 사실 적극적으로 도와주거나 욕을 하는 사람들은 그리 많지 않다. 대신에 은근하게 말한다. "저 친구 괜찮아" "나쁘지 않아" "친절해" 정도의 평이면 베스트다.

다른 업무도 해보면서 평판을 쌓는 것이 내 커리어에 큰 손해는 아니다. 한 번쯤 해본다는 마음을 가진다고 해서 항상 내 권리를 침해당하거나, 호구 잡히거나, 너무 힘들어서 무기력해지는 결과로 이어지지는 않는다. '이 일을 왜 내가 해야 하지?'라는 반응이 불쑥 올라올 때 직관적인 판단인지, 이성적인 판단인지 점검하고, 그다음에 판단하고 답을 해보자. 그것이 괜찮게 오래 일을 해나가는 사람들이 가지는 일터의 습관이다.

나의 한계 파악하기

　직장 근처의 헬스장에서 퍼스널 트레이닝을 주 1회 정도 받고 있다. 아무래도 근육량을 늘려야 할 나이가 되어서이다. 1년 가까이 했지만 운동을 하러 가기 전에는 망설임이 생긴다. 운동을 할 때 한 번에 드는 중량을 늘리고, 횟수를 늘려야 근육이 증가한다는 것은 안다. 그렇지만 그럴 때 생기는 통증과 뜻대로 따라 주지 않는 내 몸에 대한 패배감 때문인지 본능적으로 저항감을 느낀다. 그 한계를 혼자는 뛰어넘지 못해서 트레이너의 도움을 받고 있다. 적지 않은 비용을 내고 있는데, 힘들다고 호소해서 통증 없이 운동을 끝내면 비용이 아깝고, 의욕적인 트레이너의 지도를 다 따랐다가는 근육통으로 다음 날까지 고생을 한다.

　근육에 통증이 있다는 것은 병이 난 것이 아니라 근육이 찢어지면서 새로 생기는 과정으로 이해하지만, 아픈 것은 아픈 것이다. 게다가 무리해서 운동하다가 관절에 부상을 입고 몇 달을 치료한 사람을 보면, 어느 정도가 적당한 수준인지 운동할 때마다 고민하지 않을 수 없다. 통증 없이 무난하게 오늘 해야 할 양을 마치고 '오늘 운동 완료'의 성취감만 갖고 싶지는 않다. 앱을 깔아

운동량의 총량과 강도를 평가하고, 트레이너의 지시에 따라 정확한 자세를 유지하며 조금씩 운동량을 늘리는 방법이 가장 좋다. 그 과정을 통해 가장 안전하게 내 한계가 어디까지인지 파악하고, 한계를 점점 넓혀갈 수 있다. 한계에 대한 파악 없이 운동을 하면 높은 확률로 그 수준에 머물거나 아니면 무리하다 부상을 입는다.

일을 할 때에도 마찬가지이다. 일을 더 잘하고 싶은 사람이라면 내 한계부터 파악해야 한다. 그리고 그 한계를 점점 넓혀가는 것이 성장이다. 막연히 생각하던 내 한계 이상으로 넘어가는 것이다. 내 최대치의 한계를 100이라고 했을 때 바로 100에서 200이 될 수 없지만, 100이 120이 되는 것은 불가능한 일이 아니다. 200이 가능한 사람이 보이지 않는 벽을 두려워하며 100만 쓰고 있다면, 계속 그 상태를 유지하거나 오히려 퇴보할 수 있다. 근력운동을 하면서 근육의 통증을 경험하지 않고 평소 하던 중량만 반복해서 드는 것과 같다. 적당한 수준의 통증이 발생해야 근육의 건강한 손상과 함께 근육량의 증가로 이어진다. 물론 근육이 부상 수준으로 찢어지거나, 너무 무리해서 관절에 부담을 주는 큰 부상은 막아야 한다. 그렇지만 통증 없는 운동은 안 하는 것보다는 낫겠지만 근력의 성장을 동반하지 못한다.

미리 번아웃을 두려워하는 마음에 바닥까지 가보는 경험을 해보지 못하고, 일시적 소진을 해보지 못하면 성장하기 어렵고, 너무 빨리 권태의 영역으로 들어가기 쉽다. 그래서 처음 일을 시작하는 사람에게는 "'빡세게' 일을 해보고, 주관적으로 번아웃이라고 느껴질 만한, 그러나 사실은 일시적으로 에너지가 소진되는 수준까지 가봐야 한다"라고 말한다. 의도적으로라도 그 경험을 하지 못하면 내가 만들어놓은 울타리 안에서 머무르다가 발전 없이 그저 그런 수준의 사람으로 굳어져버린다.

10대 청소년들은 부모가 쳐놓은 울타리를 벗어나면서 다치기도 하고 위험해지기도 한다. 이는 정체성 형성을 위해서 당연히 거쳐야 하는 과정이다. 청소년기에는 부모의 안전한 울타리 밖을 나가야 비로소 자신의 진짜 정체성과 한계를 몸으로 이해할 수 있기 때문에 본능적으로 그 너머를 가보려고 한다. 무조건 '탈주, 반항'으로만 이해하면 안 되는 것이 이런 이유다. 자신의 한계와 부모가 정해놓은 틀을 넘어서는 시도가 나를 성장시킨다. 치명적인 위험이 생기지 않는 한, 틀을 넘어서는 시도는 부모의 반대나 지지와 상관없이 그 사람의 성장과 발달을 위해 꼭 필요하다. 오히려 한 번도 반항해보지 않은 채 어른이 된 사람이 도리어 나중에 더 큰 문제가 생길 수 있다.

처음 일을 시작할 때도 10대 청소년기와 비슷하다는 생각이 든다. 그 안에만 머물러 있기보다 한 번 울타리 밖을 나가봐야 하고, 진이 빠질 때까지 해봐야 할 때가 있다. 그래야 비로소 자기가 할 수 있는 끝이 어딘지 감을 잡을 수 있다. 과도한 스트레스로 공황장애 증상이 시작된 환자들이 있다. 무사히 회복되어서 치료가 종결될 때쯤 하는 이야기도 비슷하다. "이제 자기 한계가 어딘지 알았으니 여기 안에서 조심해보자고요." 한계가 어딘지 감을 잡은 사람은 90퍼센트까지 갔다가 올 수 있지만, 어디까지인지 모르는 사람은 50퍼센트 정도만 사용하고도 그걸 120퍼센트라고 오인할 수도 있다. 너무 무리하다가 뚝 부러지면 문제가 있지만 한계상황까지 한 번쯤 가보는 것은 그래서 필요하다.

자, 여기까지 해본 다음에 비로소 "힘을 좀 뺍시다"라는 말을 할 차례다. 수영을 할 때도, 스키를 탈 때도 코치들이 항상 하는 말이 "몸에서 힘을 빼세요"이다. 초심자들이 잘하려고 힘을 너무 주다 보면 도리어 제대로 해내지 못하니 반복해서 하는 조언이다. 그런데 이 힘을 뺀다는 것은 한 번이라도 한계까지 힘을 써본 경험이 있는 사람에게 해야 할 말이다. 힘을 세게 줘본 적 없고, 소진된 적 없는 사람에게 힘을 빼라는 것은 의미 있는 조언이 될 수 없다.

힘을 빼는 것은 처음부터 되는 것이 아니라 힘을 주는 과정을 거친 사람이 할 수 있는 것이다. 힘을 주는 요령도 모르는 초보자가 힘부터 뺄 수는 없다. 이미 경지에 오른 사람이 결과적으로 보면 힘을 빼는 것이지만, 그 경지에 오르기까지는 힘을 쓰고 노력한 시간이 많았기에 힘 빼기의 중요성을 아는 것이다. 지나고 보니 왜 그때 그렇게 애써서 했을까 아쉬워하지만 그렇게 힘을 준 기간을 거쳤기에 힘을 뺄 수 있게 된다. 그런 관점에서 힘을 빼고 여유를 갖는다는 것은 일단 힘을 한 번 쓸 만큼 써본 사람이 만든 여유 공간이다. 그냥 힘을 아끼라는 말이 아닌 것이다. 여유분이 있는 사람이 덜해도 된다는 것이고, 힘을 빼도 기준점 이상이 될 것이라는 믿음 속에서 나오는 행동이다. 그래서 "안간 힘 쓰지 말고 도리어 힘을 빼"라는 말은 중급에서 고급으로 넘어가는 시기에 있는 사람에게 필요하다. 초급자에게는 어울리지 않는다. 초기에 재미를 붙여서 일에 속도가 붙기 시작하고 몰입의 경험을 하는 시기에 있는 사람이라면 일단 번아웃의 두려움은 접어두자. 그리고 한계까지 몰아붙여보자. 그 과정은 일종의 필요악인 것 같다.

한 번은 탈탈 털렸다는 마음도 가져보자. 거기까지가 지금의 내 한계 용량인 것이다. 그리고 그다음에는 그 용량에 10퍼센트 정도 더 담을 수 있을 것이라 믿어보자. 그렇게 해보다가 더는 담기지 않는 상황이 오면 거기가 다시 내 한계점이다. 그리고 난 다음부터가 진짜다. 그곳을 100이라 다시 설정한다. 그리고 거기서 70~80퍼센트만 담는 정도로 힘에 여유를 주고 사용한다. '힘을 뺀다' '여유를 갖는다'는 상태가 되는 것이다. 그때부터는 힘을 빼고 여유를 줘도 더 잘되는 것을 경험한다. 이것이 상급자 수준에 다다랐다는 신호이다. 어렵고 아슬아슬하게 하지 않고도 왠지 쉽게 목표를 달성하는 것처럼 보이는 사람이 있다. 그래서 '저 정도는 나도 할 수 있다'라고 생각하지만 막상 해보면 그 수준을 달성하지 못한다. 그러니 아직 초심자라면 번아웃 걱정은 뒤로 하고, 한 번 기분 좋게 탈탈 털리게 소진되는 것도 두려워하지 말자. 운동을 하고 난 다음 날 걷기가 불편할 정도로 근육통이 생기면 '아 어제 운동 제대로 했구나'라고 만족감을 느끼듯이 일에도 그런 순간이 필요하다. 성장하고자 하는 사람이라면 꼭 알아둘 필요가 있다.

화는 '내는' 것이 아니라
'표현하는' 것이다

진수 씨는 소화기내과를 거쳐서 정신건강의학과로 온 환자이다. 사무실에 앉아 있는 것이 힘들고, 고개를 숙여서 웅크리고 있어야 그나마 견딜 수 있다. 속이 쓰리고 쉽게 신물이 올라와서 신트림이 나온다. 내시경을 해도 뚜렷한 이상 소견은 없다. 숨 쉬는 것이 답답하고, 명치 위로 사과 한 알이 꽉 막고 있는 것 같아 가슴을 탁탁 치지만 답답함은 풀리지 않았다. 그러다가 결국 내 진료실까지 찾아온 것이다.

고작 20대 후반으로 뭘 먹어도 소화에는 문제가 없을 나이인데 왜 이런 일이 생긴 것일까? 찬찬히 이야기를 듣다 보니, 고개를 끄덕이게 되었다.

반년 전 이 회사에 입사를 하기 전까지는 먹성이 좋아서 살이 찔까 봐 조절을 해야 할 정도였다. 한 번도 위장에 탈이 나는 문제로 걱정한 적 없었다. 그런데 회사에서 만난 같은 팀의 선배와 부장이 만만치 않았다. 자기 일을 진수 씨에게 떠넘기기 일쑤였고, 자기 실수를 부인하면서 진수 씨가 잘못한 것이라고 발뺌하기도 했다. 이런 부당함을 이사에게 알렸고 이사가 선배와 부장을 불러서 주의를 주자, 대놓고 따돌리기 시작했다고 했다. 회의를 할 때 진수 씨의 발언을 무시하거나, 함께 식사를 하러 가서는 투명인간 취급을 한 지 오래였다.

진수 씨는 주변에서 모두 착한 사람이라는 평을 들어왔다. 누가 발을 밟거나 커피를 새 옷에 쏟아도 화를 내기는커녕 웃으면서 그저 괜찮다고 하는 사람이었다. 남에게 화를 내는 것은 못난 사람들이나 하는 짓이라고 어릴 때부터 교육을 받았다. 식당이나 백화점에서 점원에게 한 번도 큰소리를 낸 적도 없고, 거래처에서 황당한 실수를 해도 꾹 참고 좋게 대응을 했다. 스스로 못난 사람이 아니라 좋은 사람이어야 한다는 신념을 가진 덕분이었다.

이야기를 듣다 보니 마크 트웨인의 말이 떠올랐다. "분노는 염산과 같다. 염산을 뿌리는 대상보다 염산을 담고 있는 그릇에 더 큰 해를 끼칠 수 있다." 염산이 오래 고여 있다 보면, 담긴 그릇을 녹여버리는 것이다. 분노도 마찬가지이다. 진수 씨의 문제는 화를 내는 것에 대한 과도한 죄책감과 그래서는 안 된다고 여기는 가치관에서 비롯했다.

인간은 생명체로서 자신의 생존이 최우선이어야 하고, 화를 내는 것은 본능적인 측면에서 필요한 대응이다. 산책하던 작은

강아지도 길을 가다가 낯선 사람이 귀엽다고 만지려고 하면 큰
소리로 짖으면서 이빨을 드러낸다. 사람이 자신보다 훨씬 크고
강한 존재이다. 하지만 이렇게 먼저 짖으면 사람은 만지지 않는
다. 강아지에게 낯선 이의 손길은 위험신호이고, 자기를 지키기
위해 크게 짖고 이빨을 드러내며 공격성을 표시하는 것이다. 죽
도록 싸우겠다는 목적이 아니다.

이와 같이 공격성, 즉 분노는 동물적 본능이자 나를 지키기 위
한 방어의 기능을 한다. 또한 먹고살기 위해, 그리고 집단 안에서
서열을 지키거나 더 높은 서열을 차지해 더 안전해지기 위해, 짝
짓기에 유리해지기 위해, 내 영역을 지키기 위해서 공격성을 표
현하는 것은 생존의 측면에서 작동한다.

프로이트는 인간의 두 가지 본능적 욕동을 성적 에너지인 리
비도와 공격성으로 설명했다. 그만큼 인간에게 공격성은 본능적
으로 탑재된 것이다. 그렇지만 공격성의 표현을 두려워하는 이유
는 자칫 한번 분노를 표출하기 시작하면 스스로 통제하지 못하
고, 더 심한 경우 끝까지 내달려서 모든 것을 파괴해버릴 수도 있
다는 두려움이 너무나 크기 때문이다. 이를 과도한 초자아의 억
제라고 설명한다. 마음 안에서 경찰의 역할을 하는 초자아가 과
잉 작동하다 보면 어느새 '어떤 상황에도 화를 내서는 안 돼' '나
는 그런 사람이 아니야'라고 기본 가치관이 작동한다.

그러다 보니 정당한 분노를 표현하는 것은 나답지 않은 것이 된다. 그러니 내면에서 자연스러운 반응으로 나타나는 공격성을 초자아는 강력히 억제하고, 거꾸로 내 핵심을 향해 화살을 돌린다. 결국 '못난 나' '이것 하나 제대로 대응하지 못하는 호구'로 규정하게 되면서 속은 더욱 상하고 만다. 프로이트가 우울증을 "내면을 향한 공격성"이라고 설명했는데, 외부로 총을 쏘지 못해 자기 안을 향해 총질을 하는 형국이고, 결국 내 안의 자아는 내상을 입어 너덜너덜해지고 만다.

숨쉬기 어렵고 속쓰림이 생긴 진수 씨의 증상은 표현되지 않은 분노가 내면을 긁어댄 결과물이었다. 진수 씨처럼 화를 내는 것을 두려워하는 사람에게 먼저 알려주고 싶은 것은 사람이 화가 나는 것은 당연하다는 점이다. 그리고 그것은 동물적 본능일 뿐 화가 난다고 해서 스스로 통제를 잃고 폭주하게 되는 것은 아니다.

한 가지 명확하게 구분해야 할 것은 '화가 나는 것'과 '화를 내는 것'은 전혀 다르다는 점이다. 내 안에서 화가 부글부글 끓어오른다고 해서 바로 화를 내고 폭주하지는 않는다. 물론 어릴 때에는 그럴 수도 있다. 다섯 살 아이라면 가게에서 갖고 싶은 장난감을 사주지 않을 때 바닥에 드러누워 울고불고할 수도 있다. 하지만 나이를 먹으면서 스스로 에너지를 조절하는 능력이 생기고,

웬만한 일에 미친듯이 화를 내지 않는다. 오히려 통제력을 잃을 지도 모른다는 두려움에 너무 강한 재갈을 물리고 완전히 봉인 해버리는 것이 더 위험할 수도 있다.

화가 나서 폭발할 것 같은 느낌이 몸으로 느껴진다면 신호등을 먼저 떠올려보자. 운전을 하다가 신호등에 빨간 등이 들어오면 브레이크를 밟고 멈춰야 한다. 1분 정도 기다리면서 생각한다. 앞으로 더 갈지, 옆으로 갈지. 우리는 정글에 살고 있지 않다. 본능적 분노는 포식자나 경쟁자가 내게 덤비는 상황에서 튀어나온다. 하지만 현실의 삶은 정글에서 동물의 대응과 같이 1초 안에 도망치거나 맞서 싸울 일은 거의 없다. 그저 위험신호가 켜졌을 뿐이다. 동물적 본능으로 엄청나게 화가 난 나는 차 안에 있고, 정글이 아닌 도로에 있다고 상상해보자. 그리고 빨간 등이 켜진 상태에서 지금 여기가 어디이고, 어느 방향으로 가는 것이 좋을지 생각해보자. 신호등 색깔이 바뀌기까지 1분 이내의 시간을 그저 바라만 본다. 그리고 노란 등이 들어오고 파란 등으로 바뀌면 서서히 속도를 내면서 내가 갈 곳을 가면 된다.

이때는 다른 차들과 같이 내가 가야 할 길을 내 속도로 갈 수 있다. 이 타이밍에 떠올릴 두 단어가 있다. 바로 '적당히'와 '적절히'다.

꼭 화를 내야 하는 상황이라면, 화를 내야 한다. 그러나 화를

'낸다'가 아니라 화를 '표현한다'로 바꿔보자. 화를 내는 것은 감정을 드러내거나 물리적 행동을 하는 것으로 여기기 쉽다. 하지만 '표현한다'는 언어로 내 감정을 정리해서 보여주는 것이다. "이것은 부당하다고 생각합니다" "저는 이 일이 하기 싫습니다"와 같이 화가 난 이유에 대해서 스스로 파악하고 문제가 되는 지점을 말로 이야기한다. 내가 느끼는 감정을 공유하는 말하기가 아니라 감정을 일으킨 사안에 대한 나의 태도와 요구를 상대방에 전달하는 것이다.

거절하거나 "아니"라고 말하는 것은 나를 지키는 권리이자 의무이다. 꾹꾹 참다가 난데없이 눈물을 흘리거나, 소리를 지르고 사표를 쓰면 다른 사람들이 "그동안 힘들었구나"라며 이해해줄 것 같지만 일반적으로는 "쟤 왜 저러지?"라는 소리만 듣기 쉽다. 사람들은 타인에게 별 관심이 없다. 대부분 평소의 태도와 반응만 알고 있지, 저 사람이 얼마나 힘들었는지 공감해온 사람은 드물다. 그래서 보통 때 조금씩 내 감정을 표현하고, 부당함을 이야기하는 것이 나를 지키는 길이다.

화가 나는 것은 인간의 본능이고, 평소에 적절하고 적당한 수준으로 표현하는 태도를 가져야 나를 지켜낼 수 있다. 그렇다고 해서 '전반적으로 괜찮은 사람'이 '이 구역의 미친놈은 나'로 180도 바뀌지는 않는다. 그런 걱정은 안 해도 된다.

아무나 만지게 내버려두다가 견디지 못한 강아지처럼 쓰다듬던 사람의 손을 확 물어버리는 것보다는, 처음부터 다가오면 살짝 피하거나 짖어서 만지는 것이 싫다고 미리 알려두는 것이 낫지 않을까? 내가 무엇을 좋아하고 싫어하는지, 그리고 어디까지가 견딜 수 있는지 선을 그어놓는 것은, 내가 직접 해야 할 일이지 누가 대신해주는 것이 아니다. 그 기능을 하는 것이 분노 반응이다. 화는 나를 지켜주는 기능을 하는 것인데 화를 다루는 것이 무섭다고 마냥 억누르고 저 깊은 곳에 처박아두면 그게 결국 나를 안에서부터 부식시킨다.

화를 내는 것도, 화를 억누르는 것도 에너지가 무척 드는 일이다. 화를 폭발시키면 나뿐만 아니라 관계를 파괴하고, 세상을 다 무너뜨릴 것처럼 강한 에너지를 담고 있다고 우리는 무의식적으로 인식하고 있다. 그 허상의 두려움을 억누르느라 에너지를 소모해버려서 세상을 살아가는 데 기운이 없다고 느낀다. 이제는 그 에너지를 다른 곳으로 돌려야 한다. 생산적이고 내게 도움이 되는 방향으로 말이다. 화가 나는 것을 자연스러운 현상으로 인식하고, 화를 적당히 그리고 적절히 표현하면서, 억제하는 데 들였던 에너지를 내게 도움이 되는 방향에 쓰는 것이 일하면서 나를 지키는 가장 좋은 방법이다.

짜증은 해결책이 아니다

피곤한 오후다. 일이 집중이 되지 않는다. 옆 사람의 핸드폰 벨소리가 갑자기 울리고 카톡 알람이 오늘따라 귀에 거슬린다. 제발 무음으로 바꿨으면 하는 마음이지만 괜히 간섭하는 것 같아 꾹 참고 있다. 이어폰을 끼고 일을 할까 하는 마음이 들지만 눈치가 보여서 그러기도 힘들다. 그러던 차에 뒤로 지나가던 후배가 내 의자를 툭 치고 지나간다.

"제발 조심해요!"

"아, 죄송합니다. 죄송합니다."

무안해진 후배가 연신 사과한다. 사람들이 모두 고개를 들어 나를 쳐다본다. 얼굴이 화끈거리는 건 나다. 이렇게 큰소리를 낼 일이 아닌데 왜 그랬을까 싶다. 내가 성격이 이상해진 것일까? 아니다, 성격이 나빠진 게 아니고 그냥 짜증을 냈을 뿐이다.

우리는 짜증이 무엇인지 잘 알아야 한다. 그리고 '짜증이 나는 것'과 '짜증을 내는 것'을 구분해서 반응하면 더욱 좋다. 그래야 후회할 일을 줄이고 평온한 마음을 유지할 수 있다. 짜증은 성격이 나빠진 징후가 아니고 그저 내가 오늘 피곤하다는 신호다.

나는 진료실에 찾아오는 환자들에게 이런 질문을 한다. "짜증이 무엇이라고 생각하시나요?" 그러면 대부분 이렇게 대답한다. "상사가 말도 안 되는 일을 시킬 때요" "저녁에 집에 왔는데 학원에 가 있어야 할 아이가 자고 있을 때요" "후배가 일을 제대로 안 해놓고 자기 잘못이 아니라고 발뺌을 할 때요."

다 맞는 말이다. 우리 주변은 온통 짜증 날 일투성이니까. 하지만 아쉽게도 정확한 답이 아니다. 짜증이 무엇이냐고 물어본 것인데, 대답은 모두 '내가 짜증이 났던 상황'이기 때문이다. 짜증이 났던 일은 꽤 오래 기억에 남으니 물어보면 쉽게 기억을 꺼낼 수 있지만, 정작 짜증이 무엇인지는 선뜻 답하지 못한다. 그래서 자꾸 짜증에서 헤어나오지 못하는 것이다.

좁은 사무실에서 후배가 실수하는 것은 있을 수 있는 일이다. 그런데 실수에 대해서 매번 저런 반응을 하지는 않는다. 그럴 수 있지 하고 넘어가는 경우가 많지만, 어떨 때에는 짜증이 확 솟구치고 큰소리를 내기도 한다. 내 상태에 따라 반응이 달라지는 문제이기 때문이다. 그런 면에서 짜증의 정의는 평소와 달리 같은 자극에 대해서 과하게 반응하는 '과잉 반응'을 하는 것이다.

그렇다면 성격이 원래 까칠해서 짜증이 나는 것일까? 아니면 다른 사람이 퍼스널 스페이스를 조금이라도 침해하는 것을 싫어하기 때문에, 혹은 너무 예민하기 때문일까? 벌컥 짜증을 낸 사람들은 대부분 스스로 자기답지 않은 행동반응을 했다며, 바로 당황해하면서 부끄러움을 느낀다. 이런 행동을 한 자신을 자책한다. 여러 번 그런 일이 반복되면 일반적으로 성격이 나빠진 게 아닌지 걱정하게 되는 수순을 밟는다. 그렇지만 그저 그 시점에 지쳤거나, 피곤하거나, 일이 몰려서 신경이 곤두섰을 뿐이다. 즉, 성격이라는 고정변수가 아니라 상황변수의 문제이다.

나를 하나의 컵이라 상상해보자. 물이 반만 차 있다면 10~20퍼센트 정도 더 물을 넣어도 넘칠 위험은 없다. 그러나 90퍼센트 정도 차 있는 컵이라면, 똑같은 양을 추가해도 넘치기 직전까지 가거나 바로 넘칠 것이다. 이때 물이 찰랑찰랑한 상태가 바로 짜증을 느끼는 순간이다.

짜증을 내기 전에 이 아슬아슬한 시점을 잘 이해하는 것이 필요하다. 재채기가 올라와서 코가 근질근질하면 손으로 코와 입을 막고 고개를 돌린다. 그리고 참거나 고개를 돌린 후 재채기를 한다. 만일 재채기가 나려는 순간 그대로 기침을 해버리면 내 앞의 사람은 온통 내 침을 맞을 것이다. 짜증을 느끼는 것과 내는 것은 마치 이 과정과 같다. 이 둘을 구분하면 봉변과 무안함을 피할 수 있다. 그러므로 짜증을 내가 조금 지쳤다는 신호로 받아들이면서, 짜증이 나려는 느낌을 먼저 인식하는 것이 필요하다. 그래야 짜증을 내지 않을 수 있다. 짜증이라는 행동은 외부의 자극에 의해서 일어나는 것이기 때문에 이를 피할 수 있으면 짜증을 내지 않을 수 있고 짜증을 내서 후회할 일을 만들지 않게 된다. 무엇보다 중요한 것은 순간적으로 짜증을 내면 재채기를 한 것같이 잠시 후련하지만, 바로 민망해지고 후회하게 된다는 것이다. 상황이 바뀌지 않고 도리어 더 나빠지기 쉽다.

자꾸 짜증이 올라온다면 누가, 왜 나를 건드리는지 생각하며 상대를 원망하기보다 내 현재 상태를 점검해보는 것이 좋다. 라면 물이 끓어오를 것 같으면 가스불을 줄여야 넘치지 않듯이 짜증이 날 뻔한 마음의 상태를 이전의 안정적 수위로 되돌리면 된다.

그러기 위해서는 약간의 정리가 필요하다. 늘 사용하는 지갑을 생각해보자. 지갑에도 꽤 많은 것들이 들어 간다. 신분증, 운전면허증뿐만 아니라 주고받은 명함, 식당 쿠폰, 영수증이 여러 장씩 있고 지폐도 있다. 관성적으로 지갑을 들고 다니다 보면 어느 새 지갑이 불룩해진다. 그러면 잠깐 시간을 내서 지갑 안의 영수증을 정리하고, 명함이나 쿠폰도 서랍에 두거나 버린다. 우리에게는 이런 시간이 필요하다. 지갑 안의 영수증, 쿠폰, 명함처럼 머리속에 빼곡히 채워진 자잘한 걱정거리들, 신경 써야 할 일들, 잊지 말아야 할 일들을 한 번씩 정리해줘야 한다. 매일 들고 다니지 않아도 될 것들은 빼놓아서 내 일상을 거추장스럽지 않게 하고, 최대한 가볍게 비워놓아야 다른 것들이 들어갈 자리가 생긴다.

두 번째는 잠깐 쉬는 것이다. 아무래도 몸이 피곤하거나 지쳤을 때, 배가 출출한 상태가 될 때, 예민해지기 마련이다. 일주일 이상 푹 쉬라는 것이 아니다. 10분 정도 잠시 휴식 시간을 가지는 것으로 충분하다. 바람을 쐬어도 좋고, 스트레칭도 좋다. 믹스커피 한 잔 하면서 동료와 대화를 하는 시간을 가지는 것도 아주 효과적이다. 내 마음 용량의 90퍼센트까지 차올랐던 것을 10퍼센트만 줄여도 충분히 우리는 하루를 잘 마무리하고 짜증 내지 않으며 지낼 수 있다. 오늘은 여기까지라는 마음으로 중단하고 퇴근해도 좋다. 나머지는 내일 해야지 하는 마음도 함께 갖자. 잘하고 완벽하게 하는 것보다 더 중요한 것은 지치지 않는 것이다. 그리고 지쳤을 때 무리하지 않고 쉴 줄 아는 요령이 오래 일을 해나가는 지구력을 가진 사람의 특징이다.

짜증은 내 몸과 마음이 내게 보내는 신호일 뿐이다. 짜증이 올라온다고 다 짜증을 내면 나만 이상해질 뿐 바뀌는 것은 없다. 그저 피곤하고 지쳤다고 여기고 지혜롭게 대처하자.

감정의 중립 모드

"오늘은 특별히 할 말이 없네요."

꽤 오래 진료를 받고 있는 환자가 진료실에서 이렇게 말했다. 평소 정말 많은 이야기를 하던 분이었다. 가족과의 관계에서 억울하고 서운한 일, 일상 속에서 겪은 화나고 어이없는 일, 거슬러 올라가 어릴 때의 일까지 합치면 들어야 하는 정보량이 굉장히 많았다.

그러던 분이 갑자기 할 말이 없다는 것이다. 혹시 내가 실수한 게 있었을까? 의사로서 긴장감이 들었지만, 사실은 걱정할 문제가 아니었다. 오히려 이것은 좋은 신호였다.

"뭔 일이 없는 건 아니에요. 전과 달리 지금 떠오르는 게 없어요. 신기하네요." 전에는 해야 할 얘기가 무척 많았다. 기억과 감정이 실시간으로 떠올라 마음속에 생생하게 가득했던 것이다. 그런데 이번엔 한 달 만에 온 것인데도 굳이 내게까지 얘기할 정도인 일은 기억에 남지 않았다.

그것은 일상에서 벌어지는 일이 사건 기억으로만 저장될 뿐, 감정적 기억으로는 남지 않았기 때문이다. 기억은 일반적 기억과 감정적 기억 두 가지로 나눌 수 있다. 시험공부처럼 정보가 되는 것은 일반적 기억이고, 시간이 지나면 새로운 정보를 습득하기 위해 오래된 것은 자연스럽게 지워진다. 중복을 막고 기억 공간이 효율적으로 활용된다. 반면 감정적 기억은 생존과 관련되어 있다. 억울한 일, 놀란 일, 화가 난 일, 무서운 일은 모두 위험할 수 있는 일이다. 이런 기억은 금방 잊어버려서는 안 된다. 그리고 지금 벌어지는 것 같아야 재빠르게 반응해 위험에서 벗어난다. 그래서 감정적 기억은 시간이 지나도 오래 그리고 생생하게 저장되어 있다가 호출된다.

우울이나 불안으로 진료를 받는 분들은 특히 감정적 기억이 많이 쌓여 있다. 자신의 현재 감정을 설명하기 위해 예민해진 상태라서, 경험하는 일들을 객관적 사건이 아닌 주관적으로 해석하여 감정이 섞인 일로 받아들인 덕분이다. 그렇기에 처음에 진료를 받으러 올 때에는 할 얘기가 무척이나 많다. 그러다가 우울과 불안이 줄어들고 일상생활을 잘해내기 시작하면서, 이후에 만나는 일들은 감정적 기억이 아닌 사건 기억으로만 저장되었다가 잊어버릴 수 있게 된다. 그래서 돌아보니 지난 기간에 특별히 기억해서 보고할 만한 일이 없다고 말한 것이다.

이것이야말로 삶이 정상으로 돌아가는 과정이다. 살면서 사건 사고는 피할 수 없다. 속상한 일에 속상한 것은 정상이다. 하지만 그 일을 견디기 힘든 분노, 불안의 감정과 함께 저장하여 오래 품고 있으면, 그 일은 평생 잊지 못할 비극이고, 나는 그 비극의 주인공이 된다. 반면에 일어날 만한 일이 일어났을 뿐, 삶의 흐름과 안전에 치명적 영향을 주지는 않는다고 여긴다면, 그 일은 그냥 그런 보통의 사건이 된다. 얼마 지나면 그 일은 멀게 느껴지고, 곧이어 그 일은 잊힐 것이다.

한편 좋은 감정적 기억을 '추억'이라 이름 붙이며 차곡차곡 쌓는 것은 나를 지켜줄 방어막이 되어준다. 그러나 나쁜 일은 가급적 감정적 기억의 저장고에 넣지 않고 감정을 싣지 않도록 처음부터 노력하는 편이 좋다. 잊혀지고 흘러가게 두는 것이 긴 흐름으로 볼수록 현명한 이유다.

모든 일에 기쁠 이유도, 슬플 이유도 없다. 너무 세세하게 감정을 싣고 기억할 필요도 없다. 무심하게 그냥 거리를 두고 볼 수 있고 그냥 흘려보내도 된다. 그럴수록 머리가 가벼워진다. 감정의 중립 모드가 기본값이 되면, 과거를 돌아볼 일이 줄어들고 오늘에 집중하며 내일이 부담스러워지지 않는다.

자동차 기어를 중립(N)에 두면 앞으로 나가지도 않고, 후진을 하지도 않는다. 그냥 그 자리에 머물되, 주차(P)를 하고 내리지는 않는다. 굳이 주차가 아닌 중립이란 기어 위치를 둔 것은 필요하기 때문이다. 수동기어가 거의 없고 자동기어를 사용하는데도 여전히 중립기어를 없애지 않은 이유는 주행(D)과 후진(R)을 그대로 연결하면 두 기어가 맞물려 고장의 원인이 되기 때문이라고 한다. 그 사이의 완충재 역할을 하는 것이 중립기어다. 감정도 마찬가지로 그냥 감정의 흐름을 두고 보며, 무심하게 거리를 두고 보는 순간도 필요하다. 무엇보다도 불필요한 에너지를 줄일 수 있다. 그러다가 앞으로 갈지 뒤로 갈지 결심이 서면 그다음에 기어를 바꾸면 된다. 중립기어가 자동차에 필요하듯 우리의 마음가짐도 무심한 중립기어로 놓을 줄을 알면 좋다.

그래도 괜찮을까? 살아보니 그런 태도가 더 나을 때가 더 많았다. 거리를 두는 태도가 바보 같아 보이고, 한편으로는 세상에 분노할 줄 모르는 것 아니냐고 할 수도 있다. 그러나 이렇게 복잡하고 혼란한 세상에서 나를 지키기 위해서는 별 감정 없이 살아가는 것도 시도해볼 만한 일이다. 어떤 감정도 날 흔들 수 없게 마음 수련을 하는 것보다 일상을 사는 보통 사람이 현실적으로 해낼 수 있는 비교적 쉬운 목표가 아닐까?

능력주의의 함정

"그저 운이 좋았을 뿐입니다."

성공한 사람들 중에 이렇게 말하는 사람이 있다. 유달리 겸손한 사람이라서 이렇게 말하는 것일 수도 있고, 굳이 물 밑의 노력을 드러내서 자랑하고 싶지 않은 것일 수도 있다. 하지만 또 한편으로는 운만 바라보는 마음을 윤리적으로 문제가 있는 도둑놈 심보로 보면서 부정적으로 생각하는 시각도 있다. 아무 노력도 하지 않고 사과나무 아래에 누워서 사과가 내 입안으로 바로 떨어지기만 바라는 그런 요행만큼 허무맹랑한 바람은 없다면서 말이다.

지금까지 살면서 관찰해보니 우리 삶에서 운의 영향을 완전히 부정하기란 어려운 것 같다. 확실히 운이 좋은 사람은 세상에 존재한다. 모의고사 때는 성적이 그저 그랬지만 수능 시험에 찍은 것이 맞아서 좋은 성적을 받은 사람도 있고, 주식투자를 시작한 사람이 추천받은 종목 중에서 적당히 찍어서 매입한 것이 크게 올라서 수익을 올리는 사람도 있다. 성실히 노력하면서 어느 정도 준비가 되어야 운을 바라는 것이 당연한 순서라고 생각하지만, 또 이렇게 운이 좋은 사람들을 보면 정말 그런지 의심스러운 마음이 든다. 그렇다면 실력과 운의 황금 비율이 있을까? 있다면 그 비율은 어느 정도가 적당할까?

한 도박사가 했다는 말을 읽은 적이 있다. "실력이 30퍼센트인 사람에게는 70퍼센트의 운이 필요하고, 실력이 70퍼센트인 사람에게는 30퍼센트의 운만 있어도 된다." 곰곰이 생각해보니 꽤 그럴듯한 말이었다. 예를 들어 OX퀴즈 열 문제를 푸는 테스트를 한다고 하자. 아홉 개는 아는 문제인데, 하나만 모르는 내용이다. 그러니 이 경우에는 한 개를 찍고 운을 바라면 된다. 이때 만점을 받을 확률은 50퍼센트이다.

그런데 만일 세 문제만 정답을 알고, 나머지 일곱 문제의 답은 잘 모르겠다면? 그때는 무려 일곱 개를 운에 맡기고 찍어야 한다. 확률적으로 일곱 개를 찍어서 다 맞히는 것은 무척 어려운 일이고 자주 있는 일도 아니다. 다 맞출 확률은 2의 7승의 확률이니 대략 128분의 1이 된다. 한 문제를 모를 때와 일곱 문제를 모를 때의 차이는 어마어마하다. 한 문제만 맞추면 되는 사람은 확률적으로 두 번에 한 번은 만점을 받을 것이다. 그리고 한 문제를 찍은 것을 부끄러워하며 "제가 운이 좋았네요"라고 말한다. 하지만 일곱 개를 찍은 사람이 만점을 받으려면 100번은 풀어야 하고, 그중에 한 번이라도 만점을 받기는 어려울 것이다. 그러니 그는 자신을 운이 없다고 여길까, 아니면 운을 바랄 처지가 아니라고 생각할까?

그러니 지금 운을 이야기하려면 최소 70퍼센트의 실력을 갖춘 후에 해야 할 것이다. 진정 운의 영역을 실감하는 사람들은 실력이 10점 만점에 9.9에 다다른 사람들이다. 두 개의 장면이 떠오른다. 하나는 평창올림픽 스피드스케이팅 여자 500미터 결승에서 고다이라 나오 선수가 1등을 하고 간발의 차이로 이상화 선수가 2등을 했던 장면이다. 이때 고다이라 선수는 이상화 선수에게 다가가 위로하면서 그저 자신이 조금 더 운이 좋았을 뿐이라고 했다. 바로 얼마 전에 있었던 월드컵 경기에서는 순서가 바뀌었던 결과였다. 단 한 번 스케이트 발짓의 차이, 호흡의 차이로도 단거리 경주에서 0.1초의 차이는 쉽게 나고, 다만 그날이 올림픽 결승이었다는 것일 뿐이라는 점을 두 사람은 잘 알고 있었다.

두 번째는 영화 〈미나리〉로 아카데미 시상식에서 조연상을 받은 윤여정 배우의 수상 소감이다. 함께 후보에 올랐던 배우들을 보며 "나는 운이 좋았다. 우리는 경쟁 상대가 될 수 없고 서로 다른 역을 연기했을 뿐이다"라고 말했다. 그저 겸손의 표현일까? 오랜 연기 생활을 한 윤여정 배우는 경험 속에서 매번 실감하고 있었으리라 생각한다. 99퍼센트가 준비된 사람에게 단 1퍼센트의 차이는 정말 운의 영역일 뿐이라는 것을 말이다. 이렇게 준비하고 나면, 이제 운의 시간이 시작하는 것이다. 여기서부터는 어떻게 풀리든 괜찮다는 마음이 든다. 생각처럼 잘 안 풀리더라도 이것은 운의 영역이니 마음에 여유가 생긴다. 다음을 기약하면 되기 때문이다.

여기에 더해서 내 성공에는 겸손해지고 다른 사람의 실패에 관대해진다. 운을 믿지 않는 사람은 능력주의자가 되기 쉽다. 지금의 성공은 모두 내가 노력해서 얻은 것이므로 모든 공은 내 것이 된다. 다른 사람의 실패는 준비를 덜했거나 능력이 부족한 것이 원인으로 생각한다. 그러므로 실패에 냉정할 수밖에 없다. 그러나 운의 영역을 인정하면 내가 잘된 것에도 간발의 차이의 운이 작용하고, 다른 사람도 이번에는 그저 불운했을 뿐이라고 여긴다. 실패에 자연스럽게 공감하고 연민의 마음을 가지면서 서로를 관대하게 대할 수 있고, 더 나아가 나 자신에게도 가혹하지 않고 관대해진다.

그리고 이렇게 생각해봐도 좋다. 모두가 실력이 어중간할 때는 운의 영향력이 적다. 실력이 낮고 고만고만한 사람들이 100퍼센트를 만들려면 70~90퍼센트를 채워줄 만한 대형 사건이 벌어져야 한다. 현실에서는 일어날 확률이 거의 없는 일이다. 그에 반해서 모두가 실력이 뛰어나서 딱 5~10퍼센트만 메워주기만 하면 될 때, 운이 작동할 확률은 더 높아진다. 1~2년에 한 번 오는 대형 태풍이 아니라 평소에 비가 오는 수준의 확률이면 충분하다. 그러니까 이런 상황에서는 운이 더 중요하다고 볼 만한 합리적 근거가 만들어진다.

실력과 운의 상관관계를 이렇게 생각하면, 운이 따르길 바라는 우리가 해야 할 일은 분명하다. 더 큰 운이 들어오게 하기 위해서 신에게 빌거나, 징크스를 따르고, 주술을 하는 것이 답이 될 수 없다. 현재의 내 실력이 30이라면 90까지, 아니 최소 70까지 올리려는 노력과 시도를 하는 것이 정답이다. 내 실력이 올라갈수록 운이 작동할 확률이 비약적으로 증가하니 말이다. 실력이 좋아질수록 운이 실제로 작동할 가능성이 올라가는 역설적인 상황이 벌어진다니 재미있는 일이다. 이것이 현실에서 우리가 기대할 수 있는 노력-실력과 운의 황금 비율이다.

'매일, 짧게, 혼자'의 노하우

지난 봄, 통영에 갔다. 부산에서 출발해 2시가 돼서 도착했는데 추천받은 식당은 여전히 대기해야 했다. 봄 내음이 물씬 나는 도다리쑥국을 먹고 나오니 항구의 길가에는 ○○산악회라고 쓰인 대형버스가 즐비했다. 등산 좋아하는 사람이 많구나, 생각하며 봉수로를 찾아갔다. 미술관과 서점, 작은 카페가 있는 작은 길목은 내가 참 좋아하는 동네인데, 아직 벚꽃이 피지 않아 조용하고 고즈넉했다. 길 끝 주차장에 여러 대의 버스와 왁자지껄한 소리에 돌아보니 술자리를 하고 있었다. 간이 의자와 테이블, 술과 음식까지 별의별 것을 다 꺼내 놓고 수십 명이 한창 신나게 먹고 마시고 있었다. 남성 한 명이 20리터 쓰레기봉투를 꽉 채워 들고 나오는데 한눈에도 지쳐 보였다. 안쪽에서 음식을 접시에 담는 여성들도 비슷한 표정이었다.

쉬거나 놀러 온 것 같지 않고 또 다른 일을 하러 온 것 같았다. 우리는 바쁘게 살다가 지쳤다고 하소연한다. 그리고 쉴 시간이 없다고 한다. 막상 시간이 나면 잘 놀지 못한다. 뭘 하고 놀아야 할지 모르겠다고 하기도 한다. 그나마 산악회와 같은 모임에

참여하는 사람은 쉬기 위한 실천을 하는 경우다. 그런데 내 눈에는 이게 정말 쉬는 효과가 있을까 하는 의문이 들었다. 노는 것도 너무 애를 써서 열심히 하는 나머지, 일한 것보다 더 지치는 것이다.

하지만 일을 잘하기 위해서는 잘 쉬어야 한다. 너무나 당연해서 반론의 여지도 없는 명제이다. 그렇다면 어떻게 쉴 것인가? 나는 잘 쉬는 데에는 원칙이 필요하다고 생각한다. 바로 '매일, 짧게, 혼자'의 3요소다.

반대로 생각해보자. '어쩌다, 길게, 여럿'으로 쉬는 것이다. 크루즈 여행이나 제주도 한 달 살기가 대표적으로 어쩌다 한 번 길게 하는 것이다. 필요한 휴식이지만 자주 하기 어려우니 일상에서 적용하기 어렵다. 다음이 여럿이 함께하는 골프 모임이나 산악회 같은 동호회 활동이다. 운동 중에도 여럿이 함께해야 하는 종목은 여러 가지로 제약이 많다. 시간이 많이 들 뿐 아니라 매일 하기도 힘들다. 일상의 피곤함은 차곡차곡 쌓아놓았다가 긴 휴식으로 단번에 털어낼 수 있는 것이 아니기 때문이다. 가장 큰 20리터짜리 음식물 쓰레기봉투를 다 채우고 버리려다가는 그 안의 쓰레기가 썩을 수 있다. 매일, 이틀에 한 번 음식물 쓰레기를 처리하는 것이 수고롭지만 위생적인 것처럼 조금씩 자주 쉬는 것이 더 효과적이다. 여럿이 모여서 하는 휴식은 인간관계에서 어쩔 수 없이 드는 에너지 때문에, 휴식의 효과가 반감된다. 혼자 있기는 고립이 아니라 관계의 디톡스다. 관계의 피로도 휴식의 대상이다.

그런 면에서 잘 쉬는 법을 소개해주는 책이 있다. 클라우디아 해먼드의 《잘 쉬는 기술》이다. 여기에서는 135개국에 살고 있는 1만 8천여 명의 설문 결과를 바탕으로 10가지 잘 쉬는 방법을 소개하고 있다. 공교롭게도 10가지 모두 '매일, 짧게, 혼자' 할 수 있는 것들이다. 순위대로 살펴보자.

10위는 명상이다. 혼자 조용히 자기만의 시간을 가지는 것이다. 복잡한 삶에서 잠시 멀어지는 기회를 준다. 너무 어렵게 생각하지 말자. 누군가에게 본격적으로 배우는 것도 좋겠지만, 여의치 않은 상황이라면 앱을 다운받거나 유튜브를 켜놓고 해봐도 좋다.

9위, 텔레비전 시청이다. 우리는 텔레비전을 '바보상자'라고 부르고, 저녁 내내 OTT를 보고 나면 시간을 낭비했다는 죄책감을 갖기 쉽다. 하지만 이렇게 전 세계의 많은 사람들이 텔레비전 시청을 쉬는 시간으로 여긴다는 것을 확인하게 된다. 멍하니 시청하면 뇌가 쉴 수 있고, 예능을 보면서 맘껏 웃고, 드라마 속 주인공에 몰입하고 빠져드는 것은 각박한 현실에서 벗어날 여유를 준다. 머리를 공회전시켜 쉬는 시간을 만들어주고 수동적 집중만 하면 되는 텔레비전도 괜찮은 휴식 방법이다.

8위는 잡념이다. 잡념이 떠오르는 걸 무서워하는 사람도 있지만, 여기서 잡념은 엉뚱한 궁리를 하는 창조의 시간이다. 그리고 평소 수렴적인 생각으로 결론이 무엇인지에 집중하던 사람이라면 더욱더 어떤 목적도 없이 그냥 이런저런 생각을 하는 잡념과 멍 때림이 휴식으로써 기능적 가치를 갖는다. 뇌의 조여진 신경망들이 풀어지는 이완 효과가 생긴다.

이어서 7위는 목욕이다. 따뜻한 물에 몸을 담그고 휴식을 취하는 목욕은 누구나 좋아한다. 그 효과에 대해서는 의심의 여지가 없다. 마음과 정신이 평온해지는 데 더해서 욕조목욕을 하거나 샤워하면서 따뜻한 물을 몸에 맞으면 근육이 이완되는 효과가 있고, 상쾌한 기분은 덤으로 주어진다.

6위는 산책이다. 달리기는 부담스러울 수 있지만 하루 30분 정도 조금 빠른 속도로 걷는 산책은 운동이 될 뿐 아니라 괜찮은 휴식이다. 하루 1만 보를 걸어야 한다는 강박부터 버리자. 1만 보를 목표로 하는 것은 1964년 도쿄올림픽 즈음해서 만보계를 처음 개발한 한 일본 회사에서 만든 일종의 밈이다. 지금까지 축적된 의학 정보들은 하루 7천 보 이상이면 충분하다고 조언하고 있다. 사무실 안에서 움직이고, 출퇴근으로 오고 가는 것을 감안하면 하루 30분 정도 따로 시간을 내는 것으로도 7천 보 이상의 걷기는 실천하기 어렵지 않다.

5위는 아무것도 안 하기. 꼭 뭘 해야만 하는 것이 아니라 그냥 바보가 된 듯 멍하니 있어 보는 것이다. 목표지향적 삶에서 그 어떤 목적이나 목표 없이 지내보는 것도 휴식이 된다. 조바심에서 벗어나서 시간을 펑펑 낭비해보는 것이다. 시간 부자가 되는 것만큼 돈 안 쓰면서 쉬운 휴식은 없다. 소파와 물아일체가 되어보는 것이 그래서 좋다. 아무것도 안 하기와 같은 시간을 가져야 비울 수 있다. 비워야 채울 수 있다는 것을 잊지 않았으면 한다.

4위로 꼽은 것은 음악 감상이다. 꼭 바흐의 〈평균율〉을 들어야 음악을 들었다고 할 수 있을까? 아니다. 그저 내가 좋아하고 익숙한 음악을 듣는 것으로 충분하다. 10대 중반부터 20대에 가장 좋아했던 음악을 듣는 것이다. 최신 유행곡보다는 나에게 익숙하면서도 지금도 들으면 옛날 생각이 떠오르면서 기분이 좋아지는 곡으로 플레이리스트를 만들자.

3위 혼자 있는 것. 여럿이 어울리는 것도 좋지만 혼자만의 시간도 필요하다. 외로움이나 고립, 우울이 아닌 자발적 고독이다. 관계에 지친 자아의 디톡스 시간이다.

2위인 자연에 가는 것은 거창하게 설악산, 제주도까지 가야 하는 것이 아니라 동네 뒷산, 공원에 가서 자연을 느끼는 것으로 충분하다. 천천히 숨을 들이마시면서 풀숲이 주는 감각을 느껴보자. 벤치에 앉아서 물 한 잔 마시면서 눈을 감고 앉아 있는 것만으로도 충분히 자연을 경험하는 것이다.

1위는 독서이다. 억지로 하는 공부가 아닌 휴식으로서의 독서는 나를 다른 경험으로 이끌어주고, 새로운 시각으로 나를 바라볼 수 있게 돕는다.

자, 이 10가지 휴식을 여러분을 위해 한 문장으로 정리해보면, 다음과 같다.

> "자연이 숨 쉬는 공원을 혼자 산책하며 좋아하는 음악을
> 이어폰으로 들으면서 이런저런 공상을 한다."

어렵고 복잡한 것이 하나도 없다. 아침에 조금 일찍 나오거나, 점심 때 시간을 내서 혹은 퇴근 후에 충분히 '매일, 혼자, 짧게' 할 수 있는 것이다. 잘 쉴 줄 아는 사람이 일을 할 때에도 수월하게 해내고, 사람과의 관계에서도 확실히 덜 힘들어한다. 타고나기를 튼튼한 사람은 드물지만, 쉽게 무너지지 않고 건강을 유지할 수 있도록 잘 쉬는 사람이 되는 것은 꾸준한 노력과 작은 실천으로 누구나 실현 가능하다.

좋은 습관을 만드는 법

버릇과 습관은 같은 뜻이다. 반복하여 생긴 행동 중에서 나쁜 것은 버릇, 좋은 것은 습관으로 부른다. 하지만 신기하게도 나쁜 버릇을 없애는 것이 새로운 좋은 습관을 만드는 것보다 훨씬 힘들다.

건강검진 결과에 충격을 받고 난 다음에 '술을 끊어야지'라고 결심하거나, 카드결제 명세서를 받고 난 다음에 '쇼핑을 줄여야지'라고 굳게 다짐해도, 며칠 지나지 않아서 다시 술을 마시고, 결제 버튼을 누른다.

왜 그런 것일까? 뇌의 신경망 덕분이다. 좋은 것이건 나쁜 것이건 여러 번 반복해서 습관화가 되었다는 것은 생각과 결정, 그리고 행동 사이에 꽤 큰 신경회로의 길이 뚫렸다는 의미이다. 한 번 뚫린 길은 그 길을 오랫동안 사용하지 않아서 더 이상 길의 기능을 하지 못할 때까지는, 최우선으로 이용하게 된다. 그래서 하던 것을 하지 않는 것, 즉 나쁜 습관이나 버릇을 없애는 것이 힘든 일이다.

그래서 나쁜 버릇을 없애려고 노력하다가 매번 좌절하고 자책하느니, 차라리 좋은 습관을 새로 많이 만들기 위해 노력하는 쪽이 낫다. 빈 공간에 새로 길을 만들어서 큰 힘을 들이지 않아도 알아서 그 방향으로 가도록 하는 것이, 있는 길을 막고 그쪽으로는 아무도 다니지 못하게 하는 것보다 수월하다.

웬디 우드의 《해빗》에는 이런 연구가 나온다. 웬디 우드 연구팀은 학계 최초로 우리의 일상생활 중 무려 43퍼센트의 영역이 습관의 힘에 의해, 즉 무의식의 힘으로 작동된다는 것을 밝혀냈다. 그가 만난 '애쓰지 않고 끝까지 지속하는 사람들'의 공통점은, 동기·보상·결심·목표 등에 집착하지 않고 그저 '좋은 습관'이 질주할 수 있는 길을 반듯하게 닦아놓았다는 점이다. 일단 상황이 재배열되고 환경이 조성되면 의지력과 노력은 아무런 의미가 없어졌다. 그들은 우아하고 멋지게 삶에 녹아들어 있었고, 마치 애초부터 유혹이나 충동 자체가 존재하지 않는 것처럼 투쟁하지 않고 목표를 이뤘다. 습관의 메커니즘을 이해하면 왜 그런지 알 수 있다. 습관은 뇌에 자동 메커니즘이 만들어진 것이다.

웬디 우드가 강조하듯이 잘 지내는 사람의 공통점은 좋은 습관이 많아서 커다란 고민이나 망설임 없이, 또 유혹에 빠지거나 흔들리는 일이 적게, 에너지를 덜 들이며 좋은 선택들을 해내면서 살아가고 있었다. 뇌에 좋은 습관의 길을 여러 곳 잘 닦아놓은 덕분이다.

그러므로 우리는 좋은 습관을 많이 만들도록 노력해볼 필요
가 있다. 나는 습관을 이렇게 정의한다.

1) 힘들이지 않고 한다.
2) 하면서 다른 일도 한다.
3) 하고 나서 했다는 사실을 잊어버린다.

대표적인 예로 양치질하기를 들 수 있다. 우리는 양치질을 졸
리고 피곤한 상태에도 할 수 있고, 칫솔질을 하면서 텔레비전을
보기도 하고, 어떨 때에는 양치를 했는지 안 했는지 헷갈리기도
한다. 에너지를 거의 들이지 않고 하는 반복 행동이기 때문이다.
반복적 행동의 결정은 두 시스템으로 이루어져 있는데, 하나
는 목표를 설정하고 가장 큰 보상이 오는 선택을 하는 목표지향
시스템이다. 다른 하나가 일상적 과제를 반복해서 수행할 때 목
표의 결괏값을 높이기보다 인지적 노력을 줄이는 습관지향 시스
템이다. 우리에게 지금 필요한 것이 바로 습관지향 시스템이다.
이 시스템을 여러 개 갖고 있을수록 뇌에 에너지 부하가 덜 들
고, 그만큼 일을 할 때 피로도를 줄일 수 있다. 물론, 어떤 일을
처음 시작할 때나 추구하는 중요한 목표가 있을 때는 목표지향
시스템을 적극적으로 이용한다. 그래야 원하는 결과를 달성할 수

있기 때문이다.

대개 습관은 어떤 자극에 대한 자동적 반응이다. 그러므로 가장 먼저 해야 할 것은 내 반응 패턴을 이해하는 것이다. 일정한 상황을 유지할 수 있도록 일상의 패턴을 루틴화한다. 그다음에 좋은 습관을 방해할 다른 일들이 일어나지 않도록 한다. 그러고 나면 행동을 자동으로 유발하는 나만의 신호를 찾아내고, 행동 자체가 보상이 되도록 한다. 그리고 그 행동이 자동으로 일어나도록 반복한다.

이미 매일 하고 있는 일의 앞이나 뒤에 새로 습관화하고 싶은 행동을 바짝 붙이는 것도 괜찮은 요령 중 하나다. 이를 닻을 내린다는 의미로 '앵커링'이라고 한다. 한동안 고관절에 수축이 와서 양반다리를 하기 힘들었던 적이 있다. 스트레칭을 하는 것이 도움이 되지만 따로 시간을 내기가 어려웠다. 이때 생각해낸 것이 앵커링이었다. 아침에 일어나면 제일 먼저 하는 것이 커피머신을 켜는 것이다. 이것은 이미 습관이 된 행동이다. 머신을 키고 예열을 기다리는 시간이나 커피가 추출되는 짧은 1~2분 동안의 시간에는 스마트폰을 들여다보곤 했는데, 이제 이 시간에 스트레칭을 하기로 했다. 그동안에는 잊어버리거나 바쁘다는 핑계로 스트레칭을 몇 번 시도하다 말았는데, 이런 식으로 아침에 일어나서 커피를 내리는 동안 스트레칭을 하니, 짧지만 빼먹지 않고 할 수 있게 되었다. 이미 습관이 된 행동에 붙여서 새로운 습관을 만든 것이다. 덕분에 몇 달이 지난 후 고관절은 한결 부드러워졌고 통증도 줄어들었다. 지금은 전만큼 자주 하지 않지만, 가끔은 커피머신이 예열되는 동안 스트레칭을 하고 있다.

아리스토텔레스는 "반복적으로 무엇을 하느냐가 우리를 결정한다. 그렇다면 탁월함은 행위가 아니라 습관이다"라고 했다. 이와 같이 우리의 삶과 일을 평범의 영역이 아닌 탁월함의 영역으로 옮겨가게 하는 것, 그리고 힘든 일과를 덜 지치고 오랫동안 꾸준하게 페이스대로 해낼 수 있게 하는 요령은 좋은 습관을 최대한 많이 만들고 그것이 자동적으로 이루어지도록 만드는 것이다.

6장

내 마음을
존중하는 법

불안을 없앨 수 있을까?

"이 불안이 완전히 없어졌으면 좋겠어요."

진료실을 찾아오는 사람들 중 절반 이상이 이렇게 말한다. 내가 정신과 의사라는 것을 알게 된 사람들 중에서 열 명 중 세 명이 같은 고민을 토로한다. 어떤 불안도 느끼지 않는 극강의 정신상태를 우리는 이룰 수 있을까? 미리 답부터 말하자면 가능하지 않고, 설혹 가능하다 하더라도 그것은 좋은 일이 아니다.

'불안(不安)'은 한자의 뜻이 설명해주듯 '안전하지 않다'고 인식하는 것이다. 몸과 마음의 기본 원리는 순서가 정해져 있다. 가장 앞에 있는 것은 어떤 일이 있어도 살아남는 것이다. 생존은 행복, 즐거움, 올바름보다 훨씬 앞서서 번호표를 받는다. 죽고 나면 어떤 행복도, 즐거움도 의미가 없다. 생존이 걸린 문제라고 판단하는 순간, 몸은 확 긴장이 되고 머리는 팽팽 돌아가기 시작한다. 스트레스적 관점에서 보면 '싸울 것이냐 도망갈 것이냐' 반응이다. 인간뿐만 아니라 모든 포유류의 공통 반응이다. 동네를 산책하던 강아지가 자기보다 큰 개를 만났다고 하자. 상대 개가 으르렁하고 위협을 하면 강아지는 깜짝 놀라며 몸을 움츠리고, 털이 바짝 선다. 빨리 결정해야 한다. 맞서서 짖을지, 재빨리 도망갈 것인지. 이 판단은 논리적이고 이성적인 판단보다 미리 작동해야 한다. 저 개가 어떤 종인지, 친하게 지내던 옆집 개인지, 입마개를 했는지 안 했는지를 파악하는 데는 시간이 걸린다. 신중하게 분석하느라 달려오는 개를 막지 못하면 죽을 수 있다. 그래서 불안 반응은 위험하다고 여기는 순간 바로 작동한다. 중요한 것인지 아닌지 확인하는 정확성보다 생존을 우선하여 먼저 반응하는 것이 안전에는 더 중요하다.

덕분에 불안은 생존의 전쟁터에서 몸과 마음에 단단히 뿌리 박혀 있다. 불안 수준까지 가지 않고 적당한 수준으로 경계하고 적절하게 반응하면 딱 좋기는 하다. 그것을 '긴장'이라고 한다. 중요한 시험 전날 어떤 긴장감도 없이 게임하고 텔레비전을 보다가 잔다면 시험을 망치는 지름길이다. 그렇다고 불안해하면서 일어나지도 않을 최악의 시나리오를 그리며 공부는 공부대로 못하고, 한잠도 못잔 채 뜬눈으로 밤을 새우고 시험을 치러 간다면?

눈앞에서 최악의 시나리오가 실제로 일어나는 것을 목격할 것이다. 그만큼 불안이 한번 시작하면 진짜 불안해질 만한 일이 벌어지는 역설의 악순환이 생긴다. 그래서 한번 생긴 불안은 쉽사리 가라앉지 않는다. 더욱이 불안은 암세포처럼 확연히 구별되는 병리 조직이 아니다. 어떤 사안에 대해서 경계하고 긴장하던 와중에 어느 선을 넘으면서 불안하다고 반응하는 것이다. 그래서 불안의 기준점이 낮은 사람일수록 불안을 느낄 가능성이 높다.

그런 면에서 개인이 불안에 대해 어떻게 평가하고 반응하는지 두 가지로 나눠서 볼 필요가 있다. 위급한 상황을 100으로 봤을 때, 일반적으로 50을 유지하는 정도가 평온한 상태라고 생각해 보자. 문제가 될 상황이 생겼는데, 그 상황을 70으로 볼지 100짜리 위중한 문제로 평가할지는 뇌가 하는 일이다. 70 정도의 문제 상황을 70으로 정확히 평가하고 그 정도로 반응을 하면 적절한 긴장이다. 그런데 그 일을 100으로 판단할 수 있다. 가스레인지에 라면을 끓이려고 불을 켰다가, 집에 불이 났다고 착각하는 것이다.

두 번째는 반응이다. 70의 상황으로 잘 파악은 했다. 그런데 내 몸의 반응이 70보다 더한 100만큼의 반응을 한다. 과하게 반응하는 것이다. 70만큼이 충분히 긴장하지 않은 상태라고 생각하든지, 모자란 것보다 과잉이 낫다고 여기든지, 자동적으로 과하게 반응하도록 잘못 세팅이 된 상태다. 과대 측정과 과잉 반응, 이 두 가지 중 어느 하나만 있어도 우리는 불안하다고 여긴다.

여기에 사회문화적 변화도 불안이 늘어나는 상황을 늘려주는 원인이다. 지난 수십 년 사이에 일상은 많이 편안하고 편리해졌다. 먹을 것과 입을 것은 풍족하고, 환경은 깨끗해졌고, 교통수단은 매우 편리하다. 냉방과 난방으로 계절마다 실내는 쾌적하다. 사는 것이 편해진 만큼 부메랑이 되어 돌아온 것이 있다. 불편을 느끼는 문턱이 낮아진 것이다. 이제는 실내가 조금만 더워도 에어컨을 강하게 켜야 한다. 과거의 불편함과 기준이 달라져서 조금만 불편해도 힘들어하면서, 그 불안을 완전히 없앨 수 있기를 바란다. 50년 전만 해도, 동네 집들의 창문은 기본적으로 더러웠다. 깨진 유리를 그대로 둔 집도 허다했다. 요즘은 어떤가. 사무실이나 집의 창문은 대부분 매우 깨끗하다. 그런데 가까이에서 보면 뿌옇거나 손가락으로 쓸어보면 먼지가 묻어난다. 그러면 투명하고 맑은 유리창을 위해 매일매일 물청소를 해야 한다고 결정할 수도 있다. 전반적으로 깨끗하게 살다 보니 이렇게 불안의 문턱을 낮아져서 작은 불편도 불안이라 느끼게 되는 부작용이 생겨버린 것이다. 세상이 편리하고 깨끗해질수록 불안을 경험할 확률이 올라가다니, 역설적인 일이 아닐 수 없다.

아쉽지만 현실에서 불안은 없앨 수 없다. 게다가 불안을 없앤다는 것은, 위험을 감지하는 능력을 없애는 것과 다를 바 없다. 불안의 스위치가 꺼져버린 사람은 차가 씽씽 달리고 있는 8차선 대로를 그냥 건너갈 수 있다. 차가 지나가도, 신호등이 안 바뀌어도 불안을 느끼지 못하기 때문에 진짜 위험에 빠질 수 있다. 적당한 수준의 불안은 위험에 재빨리 대처하게 한다. 불안을 주는 요인에 적절히 평가하고 적당히 반응하는 것, 그리고 상황이 끝나고 나면 신속히 원상태로 복귀하는 능력, 이것이 가장 건강하게 불안이 작동하는 방식이다. 잘 작동하면 우리는 안전할 수 있고, 건강을 유지할 수 있다. 우리가 바랄 수 있는 현실적 최선이다.

그런데 주변의 상황이 변하는 것이 감지될 때, 불안의 문턱이 낮은 사람은 이를 위험의 신호로 인식한다. 긍정적으로 해석하면 위험신호를 잘 감지하는 사람이다. 마치 남들은 거의 못 느끼는 약한 지진을 혼자만 느끼는 사람과 비슷하다. 잘 느끼는 만큼 쉽게 반응하는 습관이 들어 있다. 문턱을 높여서 웬만한 자극이나 변화에는 반응을 하지 않고 무시하려는 노력을 해본다. 그래도 괜찮다는 것을 확인하면 더 불안해지는 것이 아니라 도리어 안심이 된다.

불안을 덜 느끼기 위해서 제일 중요한 것은 불안을 감지하고 반응하는 센서를 건드리지 않는 것이다. 그 센서는 뇌의 '편도'라는 기관이다. 편도가 자극받아 반응하면 불안으로 감지하고 위험한 상황에 대한 반응을 하기 시작한다. 요가, 명상과 같이 편도를 안정화하는 호흡법을 익히는 것이 좋다. 그러나 이 방법은 꽤 오래 연습하고 익숙해진 다음에 효과가 있다. 당장 급한 상황이라면, 불안을 느끼는 순간 바로 반응하지 않고 일단 지켜보는 것이다. 진짜 위험한 상황이라면 최대한 빨리 반응하는 것이 무조건 옳다. 하지만 실제로 그런 일은 매우 드물다. 그런데도 불안의 문턱이 낮은 사람은 모든 일에 민감하게 반응하는 습관이 들어 있다. 이럴 때 필요한 것은 '일단 멈춤' 신호를 머리에 떠올리고 잠시 기다려보는 것이다. 10초 정도면 충분하다. 일반적으로 천천히 심호흡을 3~4회 정도 하는 정도다.

"하나, 둘, 셋."

눈을 감으면 더 좋고, 아니면 그냥 그 자리에서 다른 생각이 들어오려는 것을 막고서는 숨을 쉬는 것에만 집중해보자. "하나, 둘, 셋" 하고 혼잣말을 하면서.

일단 10초가 지나면, 심장이 벌렁거리면서 시작되는 불안반응이 잠잠해질 것이다. 심박수가 떨어지고 편도가 자극되지 않은 채, 눈앞에 아주 무서운 일이 벌어질 것 같아 보이던 것이 그냥 일어난 일상적인 일로 보일 것이다. 놀랄 만한 일에 이런 반응을 하려고 노력하다 보면 편도의 민감도도 떨어지고, 그만큼 불안에 대한 문턱이 올라가는 효과가 생긴다.

불안의 반대말은 안심이다. 마음이 안전하다고 느끼고, 평안한 상태로 이어지는 것이다. 몸과 마음은 잘 연결되어 있고, 외부에 대한 두려움이 없으니 호기심도 잘 작동한다. 타인에 대한 두려움이 없으니 그들의 아픔에 연민을 느끼며, 생존에 대한 비이성적 두려움 대신 용기를 내 맞선다. 자기 능력에 대한 분명한 자신감을 유지하며, 하루 중 대부분 의식은 또렷하고 판단은 명료한 상태가 이어진다. 이 정도가 되면 '평온'이라고 한다. 상상만 해도 멋진 상태다.

이런 상태가 유지되면 과잉 반응도 하지 않게 된다. 적절한 수준으로만 반응해도 안전해질 수 있다면 군이 이전과 같이 과잉 반응을 하지 않아도 된다는 걸 이해하게 된다. 친구가 저녁에 자주 놀러 오는데 매번 상다리가 부러지게 음식을 차릴 필요가 없는 것과 같다. 딱 그만큼 내 마음의 에너지를 절약할 수 있고, 그만큼 나는 덜 초조해지고, 여유가 생긴다. 이와 같은 적절한 반응성은 나를 평온하게 살아가게 해주고, 예측하지 못한 위기에서 안전하게 빠져나올 수 있게 돕는다. 불안은 없애야 할 문제가 아니라, 성능 좋고 효율적인 위험 경보 시스템이다.

나에게 관대해지기

살면서 그 어떤 감정도 느끼지 않기는 어렵다. 기쁜 감정은 언제나 환영이지만 슬픔, 외로움, 우울함, 실망, 창피함, 좌절감과 같은 괴로운 감정은 제발 오지 않았으면 한다. 그렇지만 비가 오는 날을 내가 마음대로 정하지 못하듯이 밀려드는 괴로운 감정을 막을 수는 없다.

그래서 회피하고 싶어진다. 그런 감정이 들면, 피하고 외면하거나 적극적으로 방어하고 억누르려 한다. 그럴수록 감정은 줄어들지 않고 도리어 더 커진다. '좋은 생각만 하자'라고 긍정적인 주문을 외워보지만 잠시뿐이다. 다른 생각으로 전환하거나 다른 행동으로 잠시 주의를 돌려보려고 해도 임시방편일 뿐이다. 이럴 때는 어떻게 해야 할까?

무엇보다 감정을 통제하려고 애를 너무 쓰지 않는 것이 좋다. 인간은 로봇이 아니다. 그리고 현재 내 마음 안에서 벌어지는 감정을 너무 크게 보거나, 억제하려고 애쓰는 것도 좋지 않다. 그냥 그 감정을 있는 그대로 보는 것이다. 내게 좋지 않은 감정이 일어나고 있음을 인정하고 바라보는 것이다. 판단하지 말고 감정이 발생했다는 걸 받아들이는 것이다. 좋은 것도, 나쁜 것도 다 내 감정의 한 부분이다. 그리고 그 감정이 평생 그 상태로 있는 것이 아니라 곧 흘러가버린다. 시간차가 있을 뿐이다.

이때 하지 말아야 할 것은 '왜?'라는 질문이다. 지금 이 일이 왜 내게 일어났는지, 내가 뭘 잘못한 것인지, 왜 이렇게 나는 재수가 없는지, 질문해봐도 답은 나오지 않는다. 그냥 일어난 일에 의미를 두려고 하지 말자. 이렇게 생각하는 것은 지극히 정상적인 반응이지만 우리가 이 감정을 다스리는 데에는 큰 도움이 되지 못한다. 일단 내게 이런 고통스럽고 괴로운 감정이 발생했다는 사실을 그냥 받아들이자. 비가 오거나 바람이 부는 데 특별한 이유를 찾을 필요가 없는 것처럼 말이다.

"아, 내가 지금 슬퍼하고 있구나", "아 내가 지금 꽤나 우울해하고 있군. 이 일이 내게 임팩트가 있었나 보다"라고 그냥 나 혼자 중얼거려보자. 그것만으로도 충분히 효과가 있다. 내가 슬퍼한다고, 우울해한다고 해서 부끄러운 것도 아니고, 나에 대한 평가가 낮아지는 것이 아니다. 나는 로봇이 아니고 사람이니 감정을 느끼는 것은 당연하다. 좋은 감정뿐 아니라 나쁜 감정도 내가 살아 있다는 증거이다.

그런데 부정적 감정 때문에 감정을 느끼는 것 자체를 회피하려고 하는 이유는 자기비하적 판단이 언제나 기본 옵션으로 따라오기 때문이다. "역시 난 죽어야 해" "난 살 가치가 없어" "난 쓰레기야"라는 식의 자기비하가 따라왔다면 이제는 반전이 필요하다.

자기비하는 "나는 이런 대접을 받아서는 안 되는 사람이야"라는 자기애적 반발심에서 오는 감정이다. 감정의 롤러코스터는 자기애적 고양과 실망 사이에서 극대화된다. 이런 식의 자기방어는 꽤 강력하고 효과적이다. 그러나 그 방어막이 깨졌을 때 내 자아는 지혜롭게 순차적으로 후퇴하지 못하고 한없이 밀려 내려가 자기비하의 늪으로 빠져버릴 위험이 있다.

예를 들어, 일을 하는 동료나 팀장에게 좋지 않은 평가나 지적을 받았을 때, 기본적으로 우호적 관계라는 믿음을 바탕에 두고 "뭔가 오해가 있었나?"라고 생각하거나, "이건 내 실수긴 하지, 그렇지만 저렇게 화를 낼 일은 아니잖아" 정도로 쌍방 과실의 측면으로 보는 방법이 있다. 혹은 "일에 대해서 지적하는 것이지, 나를 싫어하는 건 아니야"라고 나를 다독이면서 위축된 마음을 다스리며 자존감을 지키는 방법이 있다. 그러다가 여러 번 같은 상황이 반복되면 결국 자기애에 깊은 상처를 받고 심각한 수준의 분노가 솟구쳐 오를 수 있다. 이 단계는 아주 나중의 일이 되어야 한다. 그런데 자기애적 반발심부터 떠오르는 것은 마치 선생님에게 혼이 나거나 친구와 작은 갈등이 생겼을 때 바로 자퇴를 결심하고 학교를 폭파해버리는 환상을 떠올리는 것과 비슷하다. 무엇이든 극단은 극단을 부른다. 자기애적 태도로 나를 보호하려고만 하는 것은 마냥 좋은 것이 아니다.

상대가 정말 나쁜 사람이거나, 내가 정말 억울하고 비참한 상황에 내몰렸기 때문인 경우는 그렇게 많지 않다. 자기애를 보호하려는 마음와 그 반대쪽의 자기비하와 혐오가 양극단에서 힘을 발휘할수록 마음속은 고통스러운 혼란에 빠져 헤어나오지 못한다. 통제하기 어려운 극단을 오고 가는 저울질에서 나의 중심을 다시 잡기 위한 방법은 나에 대한 관대함과 연민을 가지는 것이다. 우리는 많은 경우 나 자신에 대한 기대치가 높은 만큼 스스로에게 가혹하고 매몰차다. 내가 나를 대할 때, 내가 좋아하는 친구를 대하는 정도만 했으면 좋겠다. "너 힘들구나. 내가 옆에서 기다려줄게"라는 착하고 친절한 나의 모습이 되어야 한다. 그런데 이상하게 자기 자신에게는 이런 태도를 갖지 못한다.

"이런 것에 힘들다니, 약해 빠져가지고." "빨리 여기서 벗어나야 해. 여기서 뒤로 밀리면 영원히 밀려, 온 힘을 다해서 싸워야 해." 이런 태도가 과연 나를 강하게 만들고, 스스로를 단련시키는 것일까? 철은 달아오를 때 두드려야 하지만, 강한 철일수록 잘 부러진다. 누구보다 내가 나에게 연민을 가져야 한다. 비윤리적이고 비도덕적인 일에 대해서도 눈을 감는 무조건적 관대함을 말하는 것이 아니다. 타인에게는 냉정하면서 나나 내 편에 대해서만 한없이 관대하고, 그래서 나를 제외한 모두에게 해를 끼치는 것을 말하는 것이 아니다. 가혹한 완벽주의를 내려놓고, 최소한의 것을 해내고 있는 나를 연민의 눈으로 바라보는 것이다. 그러다 보면 어느덧 어깨에 힘이 슬슬 빠지고, 마음속 응어리가 터질 것만 같던 아슬아슬한 마음이 사그라들 수 있다. 요동치던 내 마음이 고요해지고, 친절하고 평화로워지는 것을 느낄 수 있으면 된다.

"이 정도면 괜찮아" "애썼다"라고 혼잣말을 해보자. 그렇게까지 힘들고 괴로운 일이 아니었다는 것을 이해하고 알아차리게 되면 내 안에서 올라오는 괴로운 감정이 더 이상 피하고만 싶은 일이 되지 않을 것이다. 그리고 그런 감정을 만날 수밖에 없게 한 나에게 관대해지자. 나를 가장 잘 대해줄 사람은 '나'여야 하지 않을까?

물론 쉬운 일이 아니다. 솔직히 나도 내게 관대해지기 어렵다. 단련이 필요하다고 여기고 하기 싫은 것도 억지로 참으면서 하는 날이 모든 일을 수월하게 해내는 날보다 많다. 모든 것이 만족스럽고 내가 자랑스러운 날보다 아쉽고 모자란 날이 많다. 그런 날일수록 내가 나를 다잡기 위한 노력을 해야 한다. 죄책감과 수치심, 자기비하의 수렁에 빠지지 않는 것은 내게 도움이 되지 않는 감정에 빠지지 않는 길이다. 이런 노력은 나를 후퇴시키는 것이 아니라 아끼는 일이다.

정말 힘들고 궁지에 몰렸을 때, 나를 가혹하게 평가하는 말을 하기 쉽다. 혹은 누군가 내게 정신 바짝 차리게 해주기 위해서 이런 말을 해줄 수도 있을 것이다. 그렇지만 내가 나에게 이런 말을 하는 것은 그리 도움이 되지 않는다. 지금은 이 위기에서 일단 벗어나는 것이 최우선이다. 물에 빠진 사람에게 "왜 들어가지 말라는 곳에 들어갔니?" "수영을 미리 배워두지 그랬어?"라고 다그치는 것은 전혀 도움이 되지 않는다. 일단 물에서 건지는 것이 첫 번째 순서다.

지금 내가 난관에서 벗어나려면 나의 마음을 차분하게 하고 공포나 우울한 감정에 휩싸여 후회할 결정을 하지 않는 것부터 시작해야 한다. 스스로에게 조용히 내 상태와 내가 가진 것에 대해서 말해본다. "나는 평온하고, 차분하고, 침착하다." "최소한 몸은 건강하고 튼튼하다." "팔다리는 멀쩡하지."

이때는 '부정적 긍정'보다 '단순한 긍정'이 효과적이다. "나는 불안하지 않다"라고 하는 것보다 "나는 아픈 곳이 없다"라고 말하는 것이 더 낫다. 심지어 도저히 믿을 수 없다고 이성적으로 판단해도, 그 말은 나를 지켜준다. 간절히 바라면 이루어진다며 "나는 부자가 될 것이다" "나는 몸짱이 되어 인기가 많아질 것이다"와 같은 말을 제안할 수도 있지만, 나는 그저 평온함, 건강함과 같은 기본을 되뇌는 것을 권한다.

그다음에는 후회와 미련의 말을 다행과 후련으로 바꿔보자. "그랬어야 했는데" "아, 다시 가서 안 된다고 할까?" "그럴 수 있었는데"라는 말보다 "그래도 최악은 피했네" "더 나쁜 일이 연달아 생기지는 않았다" "어쨌건 끝났으니 마음은 편해졌다" "급한 불은 껐으니 괜찮다"라는 식으로 되뇌는 습관을 가져보는 것이다

이런 연습들을 반복하다 보면 어느덧 내게 아주 조금씩은 관대해지고, 나를 연민의 눈으로 바라보게 된다. 또 뒤를 돌아보면 후회하고 나를 혼내기보다, 앞을 보며 나아가는 것이 더 중요해질 것이다.

공감 능력은 무한하지 않다

감정도 사람을 지치게 한다. 20년 전만 해도 주로 육체노동만 노동이라고 생각했고, 산업재해는 몸을 다친 근로자로 제한되었다. 사무직과 서비스직 종사자가 늘어나면서 감정노동이라는 신조어가 생겼다. 몸을 움직이고 힘을 쓰는 것만큼 감정을 소모하는 것도 중요한 노동 행위로 보게 된 것이다.

감정노동은 '어떤 일을 할 때 그 사람에게 요구되는 감정의 톤이 있고, 당사자의 개인적 상태가 어떻든 상관없이 일정한 톤을 유지하도록 규정된 채 작업을 하는 것'이라고 정의할 수 있다. 내게 요구되는 톤과 개인적 감정 상태의 갭이 클수록 금방 지치고, 감정노동을 하는 사람들도 육체노동을 하는 사람만큼이나 부상의 위험이 있으며, 반복되면 회복되기 어려운 상태가 될 수 있다.

예를 들어, 내가 의사라는 직업인으로서 진료실에서 환자를 만날 때 어느 정도의 친절함과 여유가 요구된다. 고통을 호소하며 오는 환자들의 감정에 충분히 공감하면서 진단과 처방을 하기 위해서는 반드시 필요한 사항이다. 내가 컨디션이 좋은 날에는 환자가 원하는 톤에 맞춰서 응대할 수 있다. 만일 내가 아침에 출근하다가 황당한 접촉사고가 났다거나, 감기몸살에 걸려서 몸 상태가 좋지 않다면, 평소와 같은 친절하고 여유 있는 태도를 보이기 어렵다. 이렇듯 지금의 감정 상태와 공적으로 요구되는 감정의 톤 사이에 격차가 클수록 내 에너지의 소비는 급격히 늘어난다. 이를 '감정의 불일치'라고 한다. 감정의 불일치가 클수록 감정노동의 강도가 크다고 할 수 있다. 그래서 항상 어느 이상의 밝은 톤을 유지해야 하는 서비스직이나, 컴플레인 전화에 응대해야 하는 콜센터 직원들과 같은 직군은 더욱 감정의 소진을 자주 경험하게 된다. 하루 종일 사무실에 있었는데도 일이 끝나고 나면 탈진 상태가 되는 것은 이와 같은 격렬한 감정노동을 마친 다음이기 때문이다.

서비스직종이 아니라 해도 가랑비에 옷 젖듯이 감정은 소비된다. 특히 "난 사람들의 이야기를 잘 들어주는 편이야"라며 평소에 인간관계에 자신 있어 하는 사람들이 의외로 이런 부분에 취약하다. 공감 능력이 좋은 사람들이 도리어 자신의 감정 저수지의 용량이 얼마인지 몰라 퍼 쓰다가 갑자기 바닥이 드러나버리고는 한다. 간호사, 사회복지사, 성직자, 상담사와 같은 직업을 선택하는 사람들은 타고나게 공감 능력이 좋고, 기본적으로 이타적이며, 감정 인식 능력도 뛰어난 경우가 많다. 그래서 그와 같은 직업을 선택하고, 또 평균 이상으로 잘 해낸다. 그렇지만 아무리 큰 저수지도 채우지 않고 퍼 쓰다 보면 결국은 바닥을 드러내듯이, 감정노동을 지속하다 보면 결국 여유가 없어지고 지칠 수밖에 없다. 이를 '공감의 과각성'이라고 한다. 그러고 나면 어느 순간부터 누군가의 이야기를 들어주거나 감정을 실은 하소연에 알레르기 반응이 일어나듯 회피하고 싶은 마음부터 든다.

특정 직업군에서만 그런 것이 아니다. 우리 모두 경험할 수 있는 일이다. 특히나 대화하는 상대가 억울하고 분하며 힘든 마음 상태로 요구를 하고, 안 되는 일을 사정하러 온 사람일 때는 버거움을 느끼기 쉽다. 상대의 감정을 느끼고 내 안에 그 감정을 담아 소화해서 다시 돌려주는 것을 반복하는 것이 소통의 상호 관계 법칙이다. 그러니 상대가 일방적으로 감정을 계속 쏟아부으면, 어느 순간 지치게 된다.

내가 호의를 갖고 상대방의 이야기를 들어준다 해도, 혹은 내 일이 상대의 민원을 들어주면서 충분히 자기 사연을 이야기하도록 해야 하는 것이라 해도, 일방적인 듣기는 상대적으로 더 많이 지친다. 요구를 들어줄 수 없어도 "그건 안 되는데요" "이미 말씀드렸잖아요"라고 너무 빨리 잘라버리면 상대방은 머리로는 알더라도 내게 서운한 감정을 가질 수밖에 없다.

그래서 내게는 주민센터나 구청과 같은 공공기관, 혹은 은행과 같은 금융기관의 창구에서 일하시는 분들이 많이 찾아온다. 아무리 타고나게 감정 체력과 공감 능력이 좋고 견디는 맷집이 좋다고 해도 결국은 지칠 수밖에 없다. 감정의 소진도 일종의 번아웃으로 이어지는 것이다. 이럴 때에는 어떻게 해야 할까? 다 그만두고 도망가거나, 로봇같이 어떤 감정도 없이 묵묵하게 일하면 될까? 유체 이탈 하듯이 제3자처럼 대하는 것이 살 길일까?

감정 소진을 막기 위해서는 감정을 잠시 분리하는 요령이 필요하다. 먼저 상담을 하러 온 상대의 말을 들으면서 그가 얻고자 하는 것이 무엇인지, 내가 무엇을 해줄 수 있는지, 또 내가 어느 정도로 반응해주는 것이 적당한지 감을 잡도록 한다. 대부분 처음 2~3분 안에 파악할 수 있다.

자, 내가 할 수 있는 것과 할 수 없는 것이 결정이 되었고, 처음에 내가 상대에게 온전히 감정의 채널을 열어 소통했다면 이제는 보이지 않는 분리를 할 차례다. 이때 나의 기어를 주행에서 중립으로 옮긴다. 엔진을 켜둔 상태이지만 언제든지 앞으로 출발할 수 있는 주행 모드가 아니라 중립 모드로 놓고 공회전을 하는 것이다. 이렇게 하면 에너지가 덜 들고, 핸들을 움직이거나 속도를 높이고 늦출 필요가 없다. 듣고는 있지만 마음을 온전히 다 쏟으면서 듣고 있는 것은 아니다. 눈은 마주치고 있지만 고개를 끄덕이면서도 마음의 핵심에서 약간 거리를 두고 내 경계를 분명히 한다. 자유롭게 내 상상을 하되 온전히 주의를 상대에게 기울이고 있는 것만은 끄지 않는 상태다. 이를 '자유롭게 떠다니는 집중 상태(free floating attention)'라고 부르기도 한다.

정신치료를 하는 많은 상담자들이 상담 세션 중에 이 상태를 유지한다. 냉소적인 비판자들은 내담자가 말을 할 때 졸고 있는 정신분석가의 이야기를 한다. 그러나 그것은 극히 예외적인 경우이다. 50분의 세션 동안 온전히 모든 시간을 상대에게 집중하고 감정의 연결을 유지할 수 없다. 치료자도 인간인 이상 아무리 훈련을 한다 하더라도 에너지의 제한이 있다. 그럴 때 하는 것이 바로 이런 감정의 거리 두기이다.

이제 개입할 타이밍이다. 상대는 하고 싶은 이야기를 적당히 다 했고 감정을 충분히 표현했다면, 다시 기어를 중립 모드에서 주행 모드로 옮긴다. 친절한 감정으로 공감을 표현하면서 차분하게 준비한 답변을 한다. 놀다가 일을 하는 것 같아 보일지 모른다. 그러나 만족도는 훨씬 높다. 상대는 두 가지를 얻기 때문이다. 하나는 자신의 감정을 표현할 수 있는 기회를 얻었다는 것이고, 다른 하나는 공식적인 답변을 듣는다는 것이다. 그래서 너무 빨리 답을 내는 것이 좋은 것만은 아니다. 너무 일찍 답을 해주면 상대는 도리어 만족하지 못한다. 상대방이 원했던 욕구 중 50퍼센트 이상은 감정을 분출하는 것이기 때문이다.

모든 관계에는 어느 정도의 시간이 필요하다. 그것이 상대의 만족을 위해 중요하다. 하지만 더 중요한 것은 내가 덜 지치고, 감정의 소진을 덜 경험하는 것이다. 내가 갖고 있는 자아의 총량에는 한계가 있다. 그러므로 능숙한 상담자들은 자신의 감정을 아주 적당한 간격을 두고 거리 두기를 할 줄 알고, 필요할 때 언제든지 닻을 던져 상대의 감정을 포착하면서 반응하는 데 익숙하다.

더욱이 어느 정도 감정의 거리 두기를 하면, 내가 지금 가지고 있는 주관적 감정의 톤이 상대에게 전달되는 것도 막는다. 만일 내가 기분이 불쾌한 상태이거나, 화가 나 있을 때에는 온전히 숨기기 어렵다. 그러면 고스란히 감정이 전달되어 상대 역시 불편하게 여긴다. 감정의 거리 두기는 이런 원치 않는 감정의 전이를 막는 효과도 있다. 정신치료에서만이 아니라 일을 할 때에도 잘만 사용하면 나를 지치지 않게 할 수 있는 유용한 방법이다. 매일매일 감정노동의 최전선에 있으면서 일과가 끝나면 시멘트 포대를 10층까지 지고 올라간 것처럼 지쳐버리는 사람들에게 권하고 싶다. 공감 능력이 뛰어나고 감정이 풍부하다고 여기는 사람일수록 소진도 쉽게 온다는 것, 잊지 말아야 한다.

,

나에게 불행한 일이
더 많이 생기는 이유

"나만 빼고 다 행복해 보여요."

솔직히 이런 마음이 하루에도 여러 번씩 든다. 행복하기를 간절히 바라지만 이상하게도 그런 마음을 가질수록 행복은 점점 더 멀어지는 것 같다. 내가 행복과 멀어질수록 내 주변의 사람들은 모두 행복해 보인다.

열심히 살다 보면 그래도 기쁘고 행복할 일이 많아지지 않을까 기대해보지만, 산 넘어 산, 개똥 치우니 소똥이 나뒹구는 것이 인생이라는 것을 꼭 오래 살아봐야만 아는 것은 아니다. 이 정도 고생하면 그다음부터는 행복해질 것이라 믿으며 노력하지만, 신기하게 목표 지점에 도달하면 행복은 또다시 저 먼 곳에 있다. 더 높은 것을 바라고, 더 많은 것이 갖고 싶어지기 때문이다. 그러니 처음에는 신나고 뿌듯하게 여겼던 내 것은, 얼마 지나지 않아 보잘것없어 보인다.

생각하면 할수록 행복이란 감정에는 괴이한 부분이 있다. 대부분 행복에 대한 오해가 낳은 결과이다. 그렇다면 처음부터 다시 생각해보자. 행복이란 무엇인지, 그리고 어떻게 행복을 얻고, 최대한 오래 곁에 둘 수 있을지에 대해서 말이다.

잠시 눈을 감고 '내가 생각하는 행복'이란 어떤 그림인지 떠올려보자. 각자가 떠올리는 것들은 다 다를 수밖에 없다. 하지만 신기하게 불행은 크게 다르지 않다. 실직, 주식 하락, 부모의 병환 등 불행에 대한 이미지는 구체적이고 아주 명료하다. "행복한 가정은 모두 엇비슷하고, 불행한 가정은 불행한 이유가 제각기 다르다." 톨스토이의 장편소설 《안나 카레니나》의 첫 문장이다. 행복과 불행에 대한 통찰력 있는 문장으로 많이 인용된다. 행복하기 위한 모든 필수 조건을 충족시킨 가정은 행복하지만, 하나라도 갖추지 못한 가정은 불행해진다는 의미이다.

나는 다르게 해석하고 싶다. 우리가 스스로 불행하다고 여기고 부정적 감정이 강해질수록 내가 안고 있는 인생의 결점과 문제가 세밀하고 크게 보인다. 그에 반해서 행복해지면 넉넉한 여유가 생겨서 소소한 문제는 눈에 보이지 않고 그게 그것인 듯 보일 수 있다. 좋을 때에는 이유를 댈 필요도 없다. 누군가를 사랑할 때 왜 사랑하느냐고 물으면 대답하기 어렵지만 헤어질 결심을 하고 나면 할 말이 많아지는 것과 같다. 행복은 이런 이유로 모호하고 잘 그려지지 않는 것이 당연한 일이다. 그래서 뭉뚱그려서 느껴지는 행복은 드문 일로 느껴지고 어디서 찾아야 할지 모르겠다고 생각된다. 그에 반해서 불행은 구체적이라 머릿속에 떠오르는 것이 많다. 그러니 불행이 더 많아 보일 수밖에 없다.

심리학적 측면에서 보자면 행복은 아주 짧고 강한 긍정적 감정과 전체적으로 잘 지내고 있다고 여기는 웰빙의 상태로 정의한다. 이런 점에서 행복은 짧게 느껴지는 평소와 다른 긍정적 감정이란 측면에서 영원히 지속될 수 없다는 단점이 있다. 오랜만에 느낀 행복을 가급적 오래 지속하고 싶지만, 이 감정의 특성은 그렇지 못하다. 1978년 로또에 당첨된 사람의 감정 변화를 교통사고로 신경 손상이 온 사람 및 일반인과 각각 비교한 연구가 있다. 1년 정도가 지나자 로또에 당첨된 사람과 일반인 사이의 행복감에는 큰 차이가 없었고, 교통사고 피해자와 비교해도 차이가 얼마 나지 않았다. 놀랍게도 불행한 감정도 마찬가지이다. 나쁜 일이 일어나서 불행하다고 여겨도 평생, 혹은 오래 남지 않는다는 사실은 작은 위로가 된다.

좋은 일이 생기건 나쁜 일이 생기건, 우리 마음은 균형을 찾아서 평형을 이루려는 본능이 더 강하다. 그러니 '나만 빼고 다 행복해 보인다'라는 마음이 들 때 시간이 지나고 나면 마음의 평형 상태는 나나 다른 사람이나 얼추 다 비슷해질 것이라 생각하면, 마음이 좀 더 편안해질 수 있다.

여기서 '나만 빼고'를 좀 더 깊이 들여다보자. 나만 빼고 다 행복해 보이는 이유는 내게 행복한 일보다 불행한 일이 더 많이 생기는 것같이 보이기 때문이다. 《경험의 함정》이라는 책에서 '행복의 사분면'으로 이를 설명한다. 인지심리학자 힐렐 아인혼은 내가 원하는 것이 실현되는 것을 행복이라고 정의한다. 불행은 내가 원하는 것을 얻지 못하는 것과 내가 원치 않던 것을 갖게 되는 것으로 생각할 수 있다. 예를 들어 승진을 바라는 사람이 승진이 되면 행복하지만 승진을 못 하면 불행하다. 원하지 않던 가족의 질병이나 교통사고가 생기면 역시 불행하다고 느낀다. 머릿속에서는 이렇게 세 개의 단면이 눈에 들어오니 당연히 불행할 일이 두 배는 많다. 그런데 여기서 빠진 것이 있다. 원치 않는 일이 일어나지 않은 것이다. 아픈 가족이 없다거나, 교통사고가 일어나지 않는 것처럼 말이다. 사분면의 관점에서 보면 이것은 확실히 행복의 영역에 속하지만 보이지 않는다. 그 행복의 영역을 보지 못한 채로 살아가니 내가 가진 행복이 너무 작고 드문 일로 여겨지는 것이다. 상식적으로 생각하면 당연하다. 나는 그 분면

	원하는 것	원치 않는 것
갖게 됨	행복	불행
갖지 않음	불행	다행(행복)

을 '다행'이라고 이름 붙이고는 한다.

이렇게 한 번 중얼거려보자.

"가족 중에 아픈 사람이 없네. 참 다행이다."

"회사 일도 별 문제가 없이 진행되고 있군. 참 다행이다."

"오늘도 별 탈 없이 집에 돌아왔네. 참 다행이다."

별것 아닌 일들이지만, 이 다행스러운 일들도 실은 행복의 한 부분이라는 것이다. 비로소 균형이 잡히지 않는가!

내가 나를 다독이는 법

아주 많이 슬프고, 불쾌하고, 화가 났을 때에는 어떤 생각도 들지 않는다. 어떻게 해도 기분 나쁜 감정이 사라지지 않는다. 마치 머리카락에 껌이 달라붙은 것 같다. 떼려고 할수록 머리카락이 더 많이 엉겨 붙어서 결국은 머리카락 한 뭉텅이를 자르게 되는 대참사가 벌어진다.

문제를 해결하기 위해 더 강력한 수단을 동원한다. 어떻게든 이 상황을 끝내야겠다는 마음이, 이후에 있을 후유증이나 결과에 대한 판단을 뒤로 미뤄버린다. 그래서 어떤 사람들은 손목을 긋기도 하고, 갖고 있는 약을 다량으로 복용하는 것이다. 이들이 원래 의지가 약해서, 혹은 처음부터 자해 습관이 있던 사람이라서 그런 것이 아니다.

바짝 달아오른 쇠에 손을 대면 다치는 것처럼 이렇게 감정이 달궈져 있을 때에는 일단 가라앉혀야 한다. 이때는 무슨 생각을 해도 이성적으로 판단할 수 없다. 10대 중반의 학생이 자해와 자살 충동으로 나를 찾아온 적이 있다. 여러 가지 위험한 행동을 해서 부모가 보다 못해서 데리고 왔다. 심한 우울증은 아니었고

자기감정을 조절하지 못해서 벌어진 일이었다. 모두가 자신을 좋아하지 않는 것 같고, 부모는 자신을 이해하지 못하며, 제대로 해내는 것은 하나도 없는 것 같은데, 그 더러운 감정을 도저히 뱉어내거나 솟구치는 감정을 멈출 수 없었다는 것이다. 그래서 자해를 하거나, 아파트 옥상에서 뛰어내리는 것만이 가장 확실한 해결책처럼 보였다. 다행히 부모에게 말해서 병원 진료를 할 수 있었다. 기분을 안정시키는 약을 처방하고 몇 주가 지났다. 많이 안정이 되었고, 이제 자해를 하려는 생각은 들지 않게 되었다. 이제 마무리가 된 것 같지만, 진짜 치료와 회복은 여기서부터 시작된다.

달아올랐던 쇠가 많이 식었다. 이제는 조금 만지고 두드려볼 수 있다. 내가 나에게 말을 걸어야 할 때다. 아무도 나를 좋아하지 않는다고 믿지만, 언제나 딱 한 명은 있다. 부모도 주치의도 베프도 아니다. 바로 '나'다. 내가 나를 좋아해야 한다. 자기애적 무조건적 사랑, 모두가 나를 좋아해야 한다고 믿고 그렇지 않으면 화가 나는 그런 심리가 아니다. 안 좋은 상황에서 벗어나려 애쓰고 있는 나를 지켜보는 호감의 시선이다. 앞에서도 얘기한 '자기 연민'이다. 연민은 불쌍하고 안타깝게 여기는 것이다. 내가 나에게 화가 나 있고, 못마땅하면 문제를 풀어나가기 어렵다. 기대보다 잘 해내지 못한 아쉬움이 있지만 먼저 나를 다독이고 살

피고 만져주는 것이다. 그러면서 서서히 마음이 가라앉고 안심이 된다. 내가 나를 안심시키고 안정시킬 줄 아는 법을 익히는 것은 참으로 중요하다.

화가 나 있는 친구에게는 무슨 말을 해도 화를 풀기 쉽지 않다. 가만히 두고 화가 어느 정도 가라앉기를 기다리는 것이 최선이다. 그러고 나서 말을 걸고 이야기할 수 있다. 이때 중요한 것은 내 냉담한 시선이나 속상한 감정이 친구에게 전달되지 않는 것이다. 내가 나에게 말을 걸 때도 마찬가지다. 엉엉 울고 있을 때, 헐크처럼 분노가 차올라 왔을 때는 어떤 말도 들리지 않는다. 일단 좀 가라앉고 난 다음에 서서히 말을 걸어보자. 이를 통해 지금 내 감정이 평범한 것이며 상황에 따른 결과임을 알아차릴 수 있다. 그리고 따뜻하면서도 민감한, 타인을 바라볼 때 사용하는 것과 똑같은 렌즈로 나를 바라보는 것이다. 가장 중요한 원칙은 나를 차갑게 바라보지 않고, 안타깝지만 잘 챙겨야 하는 존재로 보며 다독여주는 마음을 갖고 나를 대하는 것이다. 우리는 의외로 스스로에게 제일 엄격한 선생님이 되어버리고는 한다.

초등학교 저학년 아이가 숙제를 다 마치지 못하거나, 달리기 시합에서 꼴찌를 하고 속상해서 울고 있다. 이때 담임선생님이 옆에 와서 등을 따뜻하게 두드려주면서 "열심히 했어. 다음에 잘하자"라고 위로를 한다. 그런 경험은 오랫동안 사라지지 않는다.

하지만 어른이 된 지금, 누구도 그때의 담임선생님이 되어줄 수 없다. 그렇게 해줄 수 있는 사람은 오직 자기 자신뿐이다. 내가 나를 연민의 마음으로 토닥이는 법을 익혀야 한다.

"괜찮아?" "아주 큰일은 벌어지지 않아. 너무 겁먹지 마." "난 생각보다 강해." "정말 더 잘하고 싶었지만 이것도 괜찮아." "나는 잘해왔어. 그러니 나를 여전히 좋아할 수 있어." "나는 내가 최선을 다했다는 것을 알아. 그러니 괜찮아." 이렇게 나를 다독이면서 조금씩 안정시킨다. 그다음에 화를 내도 늦지 않다. 벌겋게 달아오른 쇠를 급한 마음에 쥐려고 하면 손만 다친다. 내 감정도 마찬가지다.

내 자신의 리듬 안에서 살아가기

정신건강의 70퍼센트는 루틴에 달려 있다. 가급적 같은 시간에 일어나고, 일정한 리듬을 유지하면서 생활하고, 때가 되면 적당한 시간에 배꼽시계가 울려 뭔가 먹고 싶어진다. 에너지가 바닥나기 전에 충전이 되고, 비슷한 시간에 쉬고 싶어진다. 내게 주어지는 일이 버겁게 느껴지지 않고, 마땅히 해야 할 일을 아슬아슬한 위기 없이 해낼 수 있다. 하루의 일과가 끝날 때쯤까지 소진되었다는 느낌을 느끼지 않은 채 집으로 돌아가 휴식을 취하고 다음 날을 두려움 없이 기대한다.

이런 리듬을 안정적으로 유지하고 있다면 나는 지금 정상이거나 건강한 상태라고 말할 수 있다. 루틴의 리듬을 유지하고 있다면 일시적으로 일이 많아져도, 흔치 않은 예외적 사건이 벌어져도 리듬의 높낮이 안에서 감당할 수 있다. 그 높낮이의 진폭이 클수록 문제가 생겼을 때 감당할 수 있는 범위도 크다. 그리고 이렇게 진폭이 큰 사람을 정상을 넘어서 건강한 사람이라고 부른다. 일정한 평균 레벨을 중심으로 생길 수 있는 진폭의 높낮이가 있다 해도 평균값으로 수렴하려는 본질적 경향을 갖는 것이 생명체가 가진 항상성(homeostasis)의 핵심이고, 이것이 몸과 마음의 정상성을 유지하는 요소다.

그런데 일이 많아지거나, 갑자기 불쑥 끼어들어오는 일을 자르지 못하고 떠안았을 때, 그리고 그 일이 계속 내 일이 되어버렸을 때, 예기치 않게 가족이나 개인적 문제가 생겨서 그쪽에 많은 에너지와 시간을 배분해야 할 문제가 생긴다. 그동안 내가 지켜온 리듬의 진폭이 무너져버리는 순간이 오면, 그때부터 뒤죽박죽이 된다.

잠을 많이 자기도 하고 잠이 며칠간 오지 않아 뒤척이다 밤을 새운다. 점심 때가 되어도 배가 고프지 않아 걸렀는데, 오후 2시경이 되니 갑자기 저혈당이 와서 손이 떨린다. 저녁까지 별 생각이 없다가 자기 전에 급히 허기가 와서 폭식을 하기도 한다. 어떨 때에는 집중이 안 돼서 멍하게 시간을 보내고, 또 반대로 날이 서서 누가 건드리기만 해도 울컥하고 감정 조절을 못할까 봐 무서울 정도가 된다. 이렇게 리듬이 뒤죽박죽되었을 때가 내 마음의 리듬을 전면 재조정해야 할 때가 왔다는 신호다.

유명한 미국 방송인 오프라 윈프리가 한 대담에서 이와 관련해서 자신의 경험을 이야기했다. 그는 20대에 기자로 일주일에 100시간씩 일하면서, 스트레스를 조절하지 못했다. 어릴 적 트라우마가 된 사건들 때문에 타인에게 더 잘 보이고 잘 맞춰주려고 노력했지만, 그런 행동들이 자신의 에너지를 고갈시키고 있다고 생각하지 못하고, 갈수록 인간관계가 엇나가기만 한다고 생각했다. 몸이 보내는 스트레스 신호를 무시하고, 대신에 가장 쉽게 손에 넣을 수 있는 음식으로 스스로를 위로했고, 갈수록 더 많이 먹게 되었다. 머릿속으로는 한정된 에너지를 아끼고 재충전해야 한다는 것을 알았지만, "내 자신의 리듬 안에서 살아가는 방법"을 이해하기까지 수십 년이 걸렸다.

오프라 윈프리는 이제는 후퇴하는 법을 안다고 한다. 압도감에 버거워지기 시작하면 후퇴하고, 싫다고 말할 줄도 알게 되었다. 자신의 에너지를 뽑아가는 사람이 있을 때는 보이지 않는 벽을 칠 수도 있다. 자신만의 신성한 공간을 만들었고, 일요일은 오로지 자신만을 위해 쓴다. 자기 자신의 리듬으로 돌아오는 가장 좋은 방법은 자연 속을 걸으며 자신의 호흡과 심장박동 소리에 귀를 귀울이고, 자연의 소리와 고요함에 마음을 쏟는 것이다. 음악, 웃음, 뜨개질, 요리, 무엇이든 자연스럽게 위안을 주는 일을 찾으면, 우리의 마음과 정신을 조절해줄 뿐만 아니라 자기 안의 선함과 세상의 선함에 늘 열린 자세를 유지할 수 있다.

자기 사업을 하고, 매일 자기 이름을 내건 쇼를 진행하면서 미친듯이 바쁘게 살았던 오프라 윈프리는 이러다가 안 되겠다는 것을 몸으로 깨달은 것이다. 그 신호는 리듬이 깨진 것이었다. 회복을 위한 첫걸음도 리듬을 되찾는 것이었다. '이래서는 안 되겠다', 아니 '이러다가는 죽겠다'라는 마음이 들었을 때 밸런스와 리듬을 되찾는 것을 무엇보다 우선으로 한 것이다. 많은 사람들이 생각을 바꾸는 것, 인간관계를 완전히 끊는 것, 일을 멈춰버리는 것과 같이 극단적이며 한번에 해결이 되는 것을 바라기 쉽다. 그렇지만 오프라 윈프리는 틀을 조정하는 것을 선택했다. 첫 번째 밸런스를 위해 주말을 사수했다. 일하는 날과 쉬는 날 사이에 확고한 장막을 치는 것이었다. 나만의 '신성한 공간'을 만들어 오직 나로서 존재하도록 허락하는 재생의 시간으로 떼어놓았다. 이 시간만큼은 절대 방해받지 않도록 지켜낸 것이다. 어느 순간부터 그 시간을 침범당하면 다음 시간 동안 예민하고 불안정한 사람이 되어버려서 다음 주의 일을 망치게 되었기 때문이다.

의도적으로 빈 공간을 만들고, 그 시간을 사수하는 것이 리듬을 다시 되찾는 빠른 방법의 하나이다. 확실한 깃발을 하나 꽂아두면 리듬은 그 깃발을 중심으로 재정렬을 한다. 해외여행 등으로 수면 리듬이 흐트러진 경우, 밤낮이 바뀌어서 괴로워지는 수가 있다. 이때에도 매일 한 시간씩 조정하는 것보다, 차라리 매일 7시에 무조건 일어나기로 하고 기상 시간을 정하여 반드시 지키는 것을 치료적으로 권하고 있다. 비록 새벽 3시에 잠이 들어서 4시간 밖에 못 잤다고 하더라도 기상 시간을 고정하면 결국 며칠 안에

몸은 그 시간을 중심으로 재정렬이 된다. 저녁이 되면 어쩔 수 없이 몸이 피곤해서 일찍 잠이 들면서 서서히 리듬이 정상화된다. 수면제보다 효과적인 방식이다.

마찬가지로 리듬을 다시 정상화하기 위해서는 일정한 시간의 블록을 만들어야 한다. 만일 주말 중 하루를 온전히 비울 여유가 없다면, 일주일의 한 블록만이라도 나만을 위한 시간으로 확보해보라고 권하고 싶다. 이 블록이란 오전, 오후, 밤 중에 한 타임을 말한다. 깨어 있는 시간을 15시간이라고 한다면 그중 5시간 정도씩 잘라서 한 블록으로 보는 것이다. 주말도 좋고 주중의 저녁 한 블록도 좋다. 그 시간 하나 정도는 온전히 내 것으로 만들어보자는 것이다. 이렇게 블록화하여 쉬는 시간을 확보함으로써 나머지 몰입과 일을 위한 시간과의 밸런스를 만들어줄 수 있다. 이 정도를 비운다고 해서 큰일은 절대 벌어지지 않고, 일이 아주 늦어지는 것도 아니다.

또 한 가지는 이왕이면 안정적이고 평온해지는 리듬에 나를 맡기는 것이다. 리듬은 본태적으로 치유적 기능을 갖고 있다. 뇌의 아주 깊은 곳과 연결해서 안정화시킨다. 엄마의 배 속에서 오직 엄마의 심장박동만 느꼈을 때가 가장 안전한 시기였고, 그 태고적 기억이 나를 다시 안정으로 이끈다. 뇌는 기억하지 못하지만 몸은 기억하고 있다. 지금 엄마에게 안길 수 없다면 내가 할 수 있는 것은 내 삶의 리듬을 리셋하며 그 안정적 리듬에 나를 맡기는 것이다. 불규칙한 바운드에서 규칙적이고 안정적 리듬으로 바꾼다. 우리 자신이 리드미컬한 활동을 하는 것도 좋다. 산책하기, 농구 골 넣기, 색칠하기 같은 활동도 좋고, 딱딱 껌을 씹거나, 발을 굴러보는 것, 펜을 탁탁 치는 것도 생각해보면 안정감 있는 리듬을 되찾는 좋은 방법이다.

너무 복잡하게 생각하지 말자. 리듬과 밸런스가 무너지면 머리가 복잡해지고 마음이 혼란스러우며 두려움과 불안이 감정의 주도권을 갖는다. 이럴 때 생각을 다잡기도 어렵고, 감정을 낙관적으로 바꾸거나 불안을 몰아내는 것도 쉬운 일이 아니다. 생각을 생각으로 이기기 어렵고, 한번 불이 붙은 감정을 진화하기도 쉽지 않기 때문이다. 이때는 도리어 생활의 틀을 단단히 하고, 리듬을 되찾는 활동을 하는 것이 단순하고 빠른 방법이다.

위기 신호를 감지하는 60점 선

의욕이 없다며 나를 찾아온 분이 있었다. 그분은 회사에서 일을 잘하고 있을 뿐 아니라 인정도 받고 있는 상태였다. 그렇지만 전에 비해서 의욕을 느끼지 못해서 뭔가 문제가 생긴 게 아닌가 걱정이 되어서 진료를 받으러 온 것이었다. 하지만 나는 "의욕은 원래 없는 거예요"라고 대답할 수밖에 없었다.

국어사전에 따르면 의욕은 "무엇을 하고자 하는 적극적인 마음이나 욕망"이다. 주어진 일만 해내는 것이 아니라 거기에 '플러스 알파'를 주도적이고 적극적으로 하려고 나서는 것이다. 예를 들어 회의 중에 "이 기획은 누가 진행하면 좋을까?"라고 팀장이 말할 때 아이디어를 먼저 내면서 하겠다고 나서는 것이 바로 의욕이다.

이런 의욕은 가끔 있는 것이지 언제나 존재하는 것이 아니다. 하루 중에도 아주 가끔 짧은 시간 동안 존재하는 타이밍에 의욕을 보일 수 있다. 일이 한가해지고 여유도 생기며 주변을 둘러볼 마음의 공간이 생길 때 안 해봤던 것을 새로 할 마음이 생긴다. 그런 면에서 의욕이 있다고 여겨지는 상태는 '정상'의 상태보다

상위 버전의 건강 신호로 보아야 한다.

그 반대가 무기력이다. 기본적으로 해야 하는 것도 겨우 하는 느낌이 든다. 하루의 에너지가 바닥을 치는데, 작은 일 하나라도 더 얹어지면 바로 무릎이 꺾일 것 같은 상태다. 평소 하던 일을 하고 있는데도 아슬아슬하고 애를 써서 한다는 느낌이 든다. 이는 좋은 신호가 아니다.

하루 중에도 의욕과 무기력을 모두 경험할 수 있다. 그것이 우리 에너지의 바이오리듬이다. 그러므로 오늘 컨디션이 어떤지 물을 때 쉽게 대답하기가 어렵다. 나의 정상성, 건강함을 평가할 때에도 주의해야 할 것이 하루의 컨디션은 하루 종일 일직선으로 일정하지 않다. 혈압이나 체온이 하루 중에도 여러 번 오르락내리락하듯이 마음의 컨디션도 그렇다. 조금 더 넓혀보면 일주일의 리듬에도 부침이 있다. 이럴 때 한 번 혼자서 해볼 만한 쉬운 방법이 있다. 내 하루 에너지의 변화가 제일 높을 때와 제일 낮을 때를 체크해보는 것이다.

아침형 인간인 나의 경우는 오전 7시부터 10시까지가 가장 컨디션이 좋은 시간이다. 그리고 오후 3시나 저녁 9시 정도가 가장 나쁜 시간이다. 반면에 저녁형인 사람은 오전에 에너지 레벨이 가장 낮고, 정오 이후부터 서서히 에너지가 올라와서 밤 10시 이후부터 새벽 2시 정도가 되면 머리가 가장 맑다. 또한 어떤 사람들은 컨디션이 좋을 때가 하루에도 2~3번씩 있는 경우가 있고, 컨디션이 좋을 때와 나쁠 때의 편차가 그렇게 심하지 않은 사람도 있다. 그만큼 개인차가 크고, 사람마다 에너지의 리듬이 다 다르다.

많은 사람들이 최상의 상태를 유지하는 것이 중요하다고 생각하지만, 사실 좋은 상태를 유지하는 것은 아주 가끔 있는 일이다. 여기에만 매여서 "왜 나는 계속 좋은 상태가 아니지?"라고 속상해하는 것은 전혀 도움이 되지 않는다. 어차피 가능하지 않은 일이기 때문이다. 마음의 건강을 유지하기 위해서는 의욕이 생길 때가 아니라 바닥을 그리는 타이밍을 주의 깊게 보는 편이 더 중요하다. 나는 그것을 60점 선이라고 부른다.

100점을 컨디션이 제일 좋은 상태라고 했을 때, 충분한 에너지와 의욕을 느끼는 가장 건강하고 이상적인 마음 상태다. 100점은 종일 지속되지 않고 하루 중 짧은 시간만 경험한다. 60점 선은 간단하게 말해서 일상의 루틴을 그럭저럭 해낼 수 있는 선을 말한다. 매일 해야 할 일을 해내고, 인간관계에서 쉽게 짜증을 표현하지 않으며, 한두 개 정도의 급작스러운 일이 던져진다 해도 당황해하지 않는 선이다. 이 선까지는 그래도 하루가 끝났을 때 탈탈 털렸다는 소진감을 느끼지 않고, 남아 있는 일이나 해야 할 의무에 압도되는 중압감이 없다.

하루의 컨디션이 가장 낮은 시기에 60점보다 높은 80점을 유지하고 있다면 지금 꽤 건강한 상태다. 조금 힘들 때가 있지만 생활하는 데에는 지장이 없다. 하지만 매일 60점 바로 위를 아슬아슬하게 넘기고 있다면 위험신호라고 볼 수 있다. 에너지가 바닥으로 곤두박질치더라도 최소 70점 이상은 되도록 전체적인 에너지 레벨을 조정해야 한다. 그렇지만 아직까지는 이 시기도 정상 범위라고 할 수 있다. 일상생활을 하다 보면 가끔 60으로 내려갈 수도 있다. 그렇지만 일주일에 3일 이상 60점 선에 머무르고, 어떨 때에는 확실히 그 밑으로 내려간다면, 그때는 일상의 재조정이 필요하다.

60점 선에서 우리에게 '비정상' 근처에 왔다는 위기 신호가 있다. 해야 할 것들을 해내지 못하고, 무기력이 하루 컨디션의 대부분을 차지하는 상태가 오는 것이다. 사실 이런 상태는 쉽게 오지 않고, 그런 면에서는 나는 항상 "비정상이 되기도 쉽지 않아요"라고 말하고는 한다. 언제나 의욕이 있는 상태를 바란다면 자신이 정상이 아닌 상태이고, 상대적 우울이라고 보기 쉽다. 그렇지만 이와 같이 60점 선보다 언제나 여유 있게 넘어가면서 기본을 해내고 있다면, 그리고 가끔 의욕을 보이고 있다면, 이때는 비정상이라고 부를 수 없다. 무척 정상적인 보통의 삶을 살아가고 있다고 여겨도 된다.

또한 하한선을 기준으로 그보다 위라는 것을 확인하면, 우리
는 안심할 수 있다. 위보다 바닥을 먼저 보는 것이다. 우리 삶의
기본적 지향은 안심이다. 안심이 되면 안정감이 생기고, 안정감
은 안전함을 준다. 안전하다는 느낌은 살 만하다는 마음을 갖게
한다. 잘하기 위해 노력하고, 바쁘게 지내보고, 새로운 일에 의욕
을 보이고, 안 하던 것을 해보려고 시도하는 모든 일들은 안심이
된 다음에 하는 것이 좋다. 안심이 되지 않은 상태에 하는 의욕
적 시도는 자칫 무리가 되는 모험이 되거나, 모든 것을 잃어버리
는 도박이 될 수 있다.

잘하려는 의욕보다 안심이 되는 상태가 더 중요하고, 그 상태
가 확보되었을 때의 안정감은 건강한 삶에 필수적인 감각이다.
하루의 에너지 상태를 체크해보고, 나의 에너지가 최저점이 되
는 시점을 파악하며 60점 선보다는 약간이라도 높은 여유 있는
상태임을 확인해보는 것으로 이러한 감각을 얻을 수 있다. 이 정
도가 되면 당신은 꽤 정상이고 상당히 건강한 상태다.

미리 알았다면 참 좋았을 것들

나도 이제 50대 중반을 넘어섰다. 화가 날 일이 없는 것은 아니지만, 전과 달리 화가 오래가지는 않는다. 한 번쯤은 겪었던 일이기도 하지만, "저 사람이 그럴 만한 일이 있었겠지" 하거나, "운이 없었구나, 이걸로 액땜이 되겠지" 하는 마음으로 받아들이는 덕이 크다. 매년 새로 들어오는 전공의들을 대할 때도 10년 전에 비해서 확실히 관대해진 것 같다. 똑같은 시기에 똑같은 실수와 잘못을 저지르고, 매번 같은 내용을 지적하지만 분노에 휩싸여서 크게 혼을 내고 민망해하기보다 "아, 1년차 때는 언제나 저런 일들이 벌어지는구나. 열심히 하는 마음이 크다 보면 시야가 좁아지는 거겠지" 하는 마음으로 바라보게 된다. 그렇다고 내가 엄청난 성인군자가 된 것은 아니다. 여전히 화가 날 때가 있고, 자존심이 상할 때는 술로 풀어야 하고, 부끄러운 말을 하고 나면 다음 날 아침에 이불 킥을 한다.

그렇지만 만일 내가 사회생활 초기였던 20대 중반에서 30대 초반 사이에 미리 알았다면 더 좋았을 것이라는 생각이 드는, 그리고 지금은 그렇게 살아가려고 노력하는 것들이 있다. 여기에 다섯 가지로 정리해보았다. 이 책을 읽는 독자들이라면 한 번 눈여겨보고 도움이 되었으면 한다.

1. 그 누구보다도 '나'와 사이가 좋았으면 한다.

불공평하고 기울어진 운동장에서 우리는 일하고 생존하기 위해 애를 쓰고 있다. 그러다 보면 상처받고 지치기 마련이다. 이때 자기 자신에게 가혹한 사람일수록 피나게 노력하는 것을 보게 된다. 자수성가한 사람들이나 빡빡한 조직에서 힘들게 성공한 사람들이 그렇다. 그런데 그런 마음을 갖고 있으면 내게 만족하기 어렵고, 언제나 내가 모자라다고 여기기 쉽다. 그러니 내가 뭘 해도 마음에 들지 않는다. 언제나 내가 나와의 불화를 경험한다. 자책하고 자학하기 일쑤다. 이런 면이 삶의 원동력이 되기도 한다는 것을 부정할 수는 없지만, 그것만 삶의 에너지로 삼으면 성공하더라도 불안한 마음이 사라지지 않는다. 그러니 무엇보다 나 자신과 잘 지냈으면 한다.

"애쓴다" "수고했어"라고 내가 나한테 먼저 말을 건네어보자. 내가 나를 업신여기면, 다른 사람도 나를 함부로 대하게 된다. 그리고 내가 나와 다투느라 에너지만 소비된다. 나를 연민의 마음으로 바라보자. 뭔가 부족하고 안타깝지만 애쓰는 것이 기특하지 않은가? 그래도 내가 안고 가야 할 존재라고 보는 것에서 시작하면 나와 잘 지내는 것이 그렇게 어렵지 않다.

2. 누구나 다 자기만의 자산이 있다.

열심히 사는 사람일수록 내가 갖지 못한 것에 주목한다. 키가 크고, 좋은 학교를 졸업한 사람은 부모가 가난한 것에 콤플렉스를 느끼고, 부유한 집에서 외동으로 자란 사람은 형제가 없어서 이기적이고 사회성이 떨어진다고 여기기 쉽다. 반대로 생각해보자. 완벽한 사람은 없다. 나는 생각보다 괜찮은 사람이다. 그리고 내가 가지고 있는 것은 많다. 다만 내가 갖지 못한 것이 자꾸 눈에 들어와서 결함이 크게 보일 뿐 내 가방 안 자산은 보이지 않는다. 신상 스니커즈를 예약판매로 어렵게 구했다. 기분 좋게 처음 신고 출근을 했다. 사람이 꽉 찬 지하철 안에서 이리저리 밀리다가 누군가 내 발을 밟았다. 나중에 내려서 보니 스니커즈 위에 발자국이 또렷이 찍혀 있었다. 속이 상해서 출근하는 내내 스니커즈의 발등만 보였다. 나중에 자국을 닦아내니 말끔해졌지만, 내 눈에는 자국이 없어지지 않은 것 같아 계속 언짢은 마음이었다. 멋진 스니커즈는 여전히 내 것인데도 말이다. 결함투성이에 뭔가 모자란 것 같고, 때때로 콤플렉스가 내 마음 한가운데를 차지할 때마다, 내가 가지고 있는 것들을 점검해보자.

사람마다 다 가지고 있는 것이 있다. 부모가 모두 건강하시다, 지금 다니는 직장은 안정적이고 나쁘지 않다, 내가 의지하고 재미있게 지낼 수 있는 친구들이 있다, 좋아하는 취미가 있어서 주말이 기다려진다 등등 별것 아니지만 내가 갖고 있는 자산들이 있다. 늘 자연스럽게 내 곁에 있었기에 그런 것들을 갖지 못한 사람들이 많다는 것을 모르고, 또 별로 대수롭지 않게 느껴져서 보이지 않을 뿐이다. 힘든 상황이 온다 해도 "설마 죽기야 하겠어?" "설마 망하기야 하겠어?"라는 마음으로 내가 무엇을 갖고 있는지 한번 점검해보자. 그러면 훨씬 마음이 든든해지고 견딜 만해진다.

3. '나는 그렇게까지 대단한 사람은 아닐지 몰라'라는 마음이 필요하다.

우리의 자기애적 마음 안에는 재미있는 환상이 있다. 나는 대단한 사람이고, 세상은 아름답고 공정한 곳이며, 결국에 나는 역전 만루홈런을 치고, 정의는 구현되며, 언젠가는 내 가치가 입증

될 것이라는 환상이다. 그것이 나를 지탱해주는 힘이 되고, 주저하거나 비판받는 상황일 때 앞으로 나아가게 도와준다.

그러나 어른의 삶에서 환상은 10퍼센트 미만의 지분만 가져야한다. 이제는 내 한계를 받아들이고 나는 그리 대단하지 않은 평범한 사람이며 생각만큼 특별하지 않다는 점을 받아들여야 한다. 세상은 결국 정의가 승리하는 영화 속 세계관이 아니라, 부조리할 수도 있다는 점을 인정해야 한다. 열패감에서 헤어나지 못하거나 우울할 것도 없다. 그냥 그렇다 정도로 사실 그대로 인식하며 살아가는 것이다. 나는 평범하기는 하지만 그렇다고 시시한존재가 아니라는 마음이 필요하다. 그런 마음이 오히려 나를 소중하게 대하게 한다. 그것이 어른의 마음가짐이다.

4. 롤 모델이 한 명 있으면 좋다.

짧게는 5년 후의 롤 모델, 조금 길게는 10년이나 20년 후에 저렇게 되고 싶다는 롤 모델을 한 명 정도 그려볼 수 있으면 방향을 잃지 않고 한 발 두 발 앞으로 나아가는 데 도움이 된다. 부모님일 수도 있고, 회사의 선배나 상사일 수도 있다. 혹은 우연히알게 된 사람도 좋다. 전혀 나와 교류가 없지만, 잡지나 책, 블로그를 통해 알게 된 사람일 수도 있다. 돈을 벌고 싶다거나 사회적 성공을 하고 싶다는 것처럼 단편적인 면이 아니라, 한 사람 전체를 동일시하고 롤 모델로 삼으면 그 사람의 삶을 전방위적으로 따라 할 수 있기에 한결 쉬운 면이 있다.

그리고 시간이 지나면서 자연스럽게 그 사람에게 실망하는 과정을 거친다. 알고 보면 이기적일 수 있고, 내게 모질게 대하기도 하고, 내가 받아들일 수 없는 선택을 하기도 한다. 사춘기에 부모에게 가졌던 이상화와 동일시가 깨지면서 비로소 내 정체성을 하나 둘 확립해가듯이, 사회에서 만난 롤 모델에 대한 실망은 자연스러운 일이다. 이 과정을 통해 100퍼센트 완벽은 없다는 것을 깨닫고, 그의 좋은 면을 내 것으로 흡수하면 자연스럽게 온전히 나만의 것을 새로이 만들어가는 과정을 경험하게 된다. 그리고 나는 다음 단계의 롤 모델을 만나기도 한다.

무엇보다도 실망의 과정을 경험하면서 증오나 후회로 반전하지 않았으면 한다. 비록 그에게 실망한 면이 있지만 여전히 그는 꽤 괜찮은 사람이고, 배울 점이 많다. 다만 그도 한 명의 사람이라는 것을 이해하게 된 것일 뿐이다. 100퍼센트는 아니지만 60퍼센트 이상은 좋은 점이 더 많은 사람이다. 그런 마음이 오랫동안 내가 롤 모델로 닮고자 했던 나의 선택을 무로 돌리지 않는다.

5. '왜 나에게만 이런 일이 생기지'라는 마음은 갖지 말자.

대부분의 일들이 그렇다. '나만 그런 게 아니라는 것'을 나중에 알게 된다. 사람들이 말을 하지 않을 뿐이다. 다들 각자의 불행과 고통을 갖고 살아가고 있다. 내가 가장 많이 진료실에 듣는 말 중 하나가 "선생님, 저 같은 환자는 처음이시죠?"라는 질문이다. 자신만 기구하고 힘들게 살았으며, 일이 무척이나 안 풀렸다고 생각한다. 그렇지만 아쉽게도 불행한 일을 겪은 사람들은 많다. 나만 그런 것이 아니고, 다들 그렇다는 것을 받아들이면, 많은 부분에서 마음이 평온해진다.

프로이트가 "정신치료는 비극을 행복으로 바꾸는 것이 아닌, 보편적 불행으로 옮기는 것"이라고 말했듯, 내가 비극의 주인공인 듯한 마음으로 절망의 마음을 가지고 살면서 그 안에 머무르고 싶을 때가 있지만, 실은 내게 일어난 일들은 나를 포함한 많은 사람들이 겪고 있는 보편적인 불행일 뿐이다. 더 나아가 그 불행의 횟수는 평균적으로 비슷하다. 그러니 만일 안 좋은 일이 연달아 일어났다면 앞으로 꽤 오랫동안 내게는 그만큼 나쁜 일은 일어나지 않을 것이라 기대해도 될 징조이기도 하다. 그렇게 한번 생각해보자.

참고 도서

《경험의 함정》, 로빈 M. 호가스·엠레 소이야르 지음, 정수영 옮김, 사이, 2021년

《삶으로서의 일》, 모르텐 알베크 지음, 이지연 옮김, 김영사, 2021년

《오늘도 자람》, 이자람 지음, 창비, 2022년

《예술가여, 무엇이 두려운가!》, 데이비드 베일즈·테드 올랜드 지음, 임경아 옮김, 루비박스, 2021년

《왜 일하는가》, 이나모리 가즈오 지음, 김윤경 옮김, 다산북스, 2021년

《잘 쉬는 기술》, 클라우디아 해먼드 지음, 오수원 옮김, 웅진지식하우스, 2020년

《침대부터 정리하라》, 윌리엄 H. 맥레이븐 지음, 고기탁 옮김, 열린책들, 2022년

《큇Quit》, 애니 듀크 지음, 고현서 옮김, 세종서적, 2022년

《해빗》, 웬디 우드 지음, 김윤재 옮김, 다산북스, 2019년

《행동》, 로버트 M. 새폴스키 지음, 김명남 옮김, 문학동네, 2023년

꾸준히, 오래, 지치지 않고
일에 먹히지 않고 나를 지키는 마음의 태도에 대하여

초판 1쇄 2024년 8월 20일
초판 3쇄 2024년 11월 15일

지은이 하지현
펴낸이 박은영

펴낸곳 마티스블루
주소 서울시 마포구 토정로 222 한국출판콘텐츠센터 402호
등록 2022년 5월 26일 제2022-000147
홈페이지 www.matissebluebooks.co.kr   **인스타그램** @matisseblue_books
이메일 matisseblue23@gmail.com
디자인 Chestnut   **제작** 357제작소

ISBN 979-11-979934-4-2 (03190)